図解で●早わかり

改正対応！ 民法のしくみと手続き

弁護士
森 公任

弁護士
森元みのり 監修

本書の３大特色

債権法、相続法の２大改正に対応！
基本事項や重要ポイントを網羅。

総則から物権、債権、不法行為、
親族、相続まで本書１冊で学べる。

図解や用語解説が理解をサポート。
膨大な民法をやさしく解説。

三修社

はじめに

　民法は、私人間の法律関係について基本的なルールを定めた法律です。私たちが日常生活において、商品を購入したり家を借りたりすると、商品の代金や家賃の支払義務が発生します。こうした私人間で発生した権利や義務について規律する法律のことを私法といいます。私人間の法律関係は多種多様です。私法も無数に存在しますが、その中で最も基本となる法律が民法です。

　民法は私たちが日常生活を送る上で、最も身近な法律といえます。そのため、民法に対する理解を深めることは、現実社会で起こる様々なトラブルをスムーズに解決するために、非常に役に立つといえるでしょう。

　民法には、自分の所有物や取引関係など財産に関する規定だけでなく、結婚や相続といった家族に関する規定も含まれます。しかし、財産に関する規定については、民法が制定されてから約120年もの間、改正されることなく、ほぼそのままの状態となっていました。そのため、社会情勢の変化に対応できておらず、規定の内容も国民にとってわかりにくいとの批判の声が多くありました。そこで、平成29年5月に財産に関する規定の中の債権法を中心として民法の大改正が行われました。

　本書では、民法全体の基本事項や重要なポイントを解説しています。令和2年4月1日に施行された債権法改正に対応しており、時効制度や法定利率の変動制、定型約款、個人保証の制限など、重要な改正事項について図表や事例を用いたわかりやすい解説を心がけました。また、令和元年7月1日に施行された相続法の改正にも対応しており、配偶者の居住権などの主要な改正点について解説しています。

　本書を広く、皆様のお役に立てていただければ幸いです。

監修者　弁護士　森公任　弁護士　森元みのり

CONTENTS

PART 2　物　権

PART 3　債権総論

PART 4　債権各論

PROLOGUE

民法の全体像

民法とは

財産法と家族法の２つに分類される

■ 利害を調整するのが民法

　私たちが社会生活を送っていくには、物を買ったり、家を借りたりする取引が欠かせません。他人と取引をすれば、期日までにお金を支払ったり、約束の物を渡さなければならなかったり、一定の権利・義務の関係が生じることになります。このような権利・義務の関係の中で、私たちは日々生活しているわけですが、取引が常に問題なく行われるとは限りません。

　たとえば、こちらはすでに代金を支払っているのに、相手が品物をなかなか引き渡してくれなかったり、家を貸しているのに借りた人が家賃を払ってくれなかったりと、トラブルが生じることもあり得ます。

　このようなトラブルをスムーズに解決するには一定のルールが必要になってきます。そのルールが民法です。つまり、民法は社会生活の中で生じた利害の対立を調整する方法を明らかにしている法律なのです。

■ 財産法と家族法

　民法は、社会生活の中で生じた利害の調整を目的とする法律ですので、その規定の多くは、財産に関連しています。このような財産関係についての民法の規定をとくに財産法と呼んでいます。

　私たちの生活は財産の関係ばかりではありません。家族や親戚という一定の範囲の人々と特別の関係を結んで暮らしています。民法は、私たちの社会生活について規律している法律です

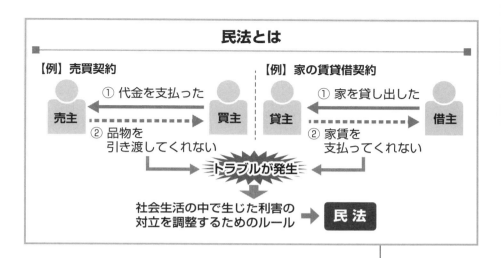

から、その中には、家族や親戚などの人間関係についての規定も含まれています。このような規定を家族法と呼んでいます。

家族法には、結婚（民法では「婚姻」といいます）や離婚についての規定や、親子関係についての規定、ある人が死んだときに残された財産の処理についての相続に関する規定などが含まれています。

■ 民法の構成

民法という法律は、1050条まである大きな法律です。民法全体は5つの編に分けられています。このうち、「第2編　物権」と「第3編　債権」が主に財産法にあたり、「第4編　親族」と「第5編　相続」が家族法にあたります。そして、これらすべてに共通する規定として、「第1編　総則」が置かれています。ここには、取引の当事者となるもの（権利の主体）についての規定や、どのような取引でも問題とされるような規定が含まれています。総則の規定は、実際にはほとんどの場合が財産法で問題となり、家族法について総則の規定が問題となることはあまり多くありません。

事務管理・不当利得・不法行為

契約関係にない人（加害者）が故意・過失により被害者の権利を害した場合、こうした加害者の行為を不法行為という。民法は、契約以外の理由で債権債務が発生する場合として事務管理・不当利得・不法行為について同じように債権編に規定している。

債権法改正の全体像

社会情勢の変化に対応し国民にわかりやすい民法をめざす

■ なぜ民法改正が行われたのか

現在わが国で施行されている民法は、明治29年（1896年）年に制定された法律です。さらに、昭和22年（1947年）の家族法（親族・相続）の全面改正などのいくつかの改正を除き、その規定の多くが、施行当時のまま残されていました。

平成29年5月に、債権編を中心に民法が改正された目的は、大きく分けて2つ挙げられます。まず、1点目の目的は、社会・経済の変化に対応することです。情報通信手段の発達など急速に変化する社会構造の中で、改正前の民法の限界が強く実感され、改正を求める声が多くなったという事情があります。

そして、民法改正の目的の2点目は、国民一般にわかりやすい民法をめざすということです。改正前の民法が明治時代に制定されたことも影響して、社会情勢の変化に応じて妥当な結論を得るために、文言からはやや飛躍した条文解釈が必要となることもありました。また、判例によって条文の解釈指針が示されることもあり、判例が条文に意味を付け足す形で運用されることが少なくありませんでした。しかし、そのような解釈は条文には明記されていないので、一般の国民にはわかりにくいものになっていました。そこで、判例などの解釈の内容を民法の条文に反映して、国民にとってよりわかりやすい条文にするために改正が行われました。

■ 何が変わったのか

平成29年の改正は、民法全編に及ぶものではなく、債権編の

判例

裁判所が判決の結論を導くにあたり示した法律問題に対する判断のこと。後に別の事件で同様の法律問題が争点となったとき、先例として拘束力を持つ。狭い意味では、最高裁判所の判断のみをさす。

債権法改正の目的

民法典　とくに債権編は、明治の民法制定以来、平成 16 年の口語化の他は、抜本的な改正がなかった

インターネットの普及等、制定当時に想定していなかった事柄に対応できなくなってきており、様々な不都合が生じるようになってきた

改正の目的

① **社会・経済の変化への対応**
⇒ 現代社会において生じる様々な問題に対応できるよう条文を整備する

② **国民にとってわかりやすい民法をめざす**
⇒ 判例等の解釈を条文に明記してとり入れる

改正が中心であり、同編は債権に関する規定ですので、債権法改正とも呼ばれています。債権法改正は、主に社会や経済状況の変化に対応させるという目的があり、そのために取引等に関する規定が改正されています。債権編の他、意思表示や消滅時効などの債権に関係する「第一編　総則編」の改正も同時に行われました。以下では、この債権法改正の主要なポイントを見ていきましょう。

① 保証人の保護

　金銭の借入れなどにおいて保証人を要求される場合が多くあります。しかし、改正前の民法では、保証人の保護に関するルールに乏しく、とくに個人の保証人が必要以上に保証契約に縛り付けられることが少なくありませんでした。そこで、過度に負担が重い保証契約とならないために規制を強化したり、本当に保証人となる意思があるかどうかを確認するための制度などが整えられました。

② 消滅時効に関する改正

　債権は、行使しないまま一定期間が経過すると時効により消滅します（消滅時効）。改正では、複雑でわかりにくかった時

効期間などの統一化や、生命・身体の侵害による損害賠償請求権の時効期間の長期化などが行われました。

③ 定型約款に関する改正

　一般国民が消費者として、企業と契約を結ぶ場合、企業が細かな契約条件等をあらかじめ提示していて、一括して消費者がこれに同意することで契約が成立する、という方式を採用しているケースが様々な場面で見られます。これを定型契約といい、示される条件等を定型契約約款と呼びます。このような約款は、鉄道利用契約、リース契約、保険契約など、様々な契約において広く利用されており、社会生活において重要な機能を果たしています。しかし、改正前の民法では、約款についての明文規定が存在しませんでした。そこで、改正後は、約款のスタンダードな形態を「定型約款」と名づけて、定型約款が契約内容となるための要件や、定型約款の変更に必要な手続などを定めるなど、約款に関する基本的な規定が創設されました。

④ 法定利率の引下げ・変動制の導入

　改正前の民法では、法定利率は年５％と定められていました。しかし、低金利の現状などを考慮すると、社会の実情に適合していませんでした。そこで、改正後は変動制となり、当面は年３％となりました。なお、商法においては、かつては年６％の利率が規定されていました（商事法定利率）が、民法改正に伴い廃止され、民法の法定利率に統一されました。

　法定利率は、３年に１度見直す変動制が採用されました。１つの債権には、１つの法定利率が継続して適用され、利息を支払う義務が生じた最初の時点における法定利率が適用されます。

⑤ 債権譲渡

　債権は譲渡できますが、債権者と債務者との間で譲渡を禁止する特約を結ぶことがあります。改正前は、譲渡禁止特約に違反する債権譲渡は、譲受人が特約を知らず、知らないことにつき重大な落ち度もない場合を除き、無効とされていました。

主要な改正事項

保　証
→ 個人が過酷な保証債務を負わないための規制強化など

消滅時効
→ 債権の消滅時効期間の統一化など

定型約款
→ 定型約款の組入要件（契約内容となるための要件）や
　変更要件などの規定を創設

法定利率
→ 年５％から変動制に（当面は年３％）

債権譲渡
→ 譲渡禁止特約違反の債権譲渡について、原則無効から有効に

　しかし、債権譲渡が無効となるリスクがあると、債権譲渡による資金調達などがしにくくなります。そこで、改正では、譲渡禁止特約に違反する債権譲渡を有効とし、譲受人が特約を知り、または知らないことにつき重大な落ち度があった場合は、債務者は譲受人に対する債務の弁済を拒むことができるものとしました。この改正により、中小企業の売掛債権などを担保にした資金調達が活性化する可能性があります。

■ 改正法の施行時期

　債権法改正は原則として、令和２年４月１日から施行されています。なお、近年は、民法について、令和４年４月１日施行予定の成人年齢を20歳から18歳に引き下げる改正や、原則として令和元年７月１日に施行された「第五編　相続編」に関する改正（相続法改正）もありましたが、債権法改正とは異なりますので、注意が必要です。

有価証券についての改正

改正前の民法では、手形等の証書に記載された人等に対して給付をすべき有価証券（指図債権）の譲渡について、裏書をして交付しなければ、第三者に対抗できないと規定していたが、指図債権に関する改正前の規定は、あまり用いられていなかった。そこで、改正法は、手形法や小切手法などの他の有価証券に関するルールの基本原則に沿う形で、有価証券の規定を整備した。改正後民法は、指図証券、記名式所持人払証券、その他の記名証券、無記名証券に有価証券を分類している。

相続法改正の全体像

相続における生存配偶者の保護が重視されている

■ 相続法改正の全体像

　平成30年７月６日に、国会において相続法に関する改正法が成立し、原則として令和元年７月１日に施行されました。相続法改正では、配偶者を保護する制度として、以下の２つの規定が新設されました。

・生存配偶者の居住権

　配偶者は、遺産分割や遺贈により、終身または一定期間、自宅に引き続き無償で居住できる、配偶者居住権を取得できるようになりました。配偶者居住権は他人に譲渡できない権利であることなどにより、自宅建物の所有権よりも評価額を低く抑えることができます。配偶者居住権の評価額が低くなる分、配偶者が自宅に住みながら、遺産分割において預貯金などの他の遺産を取得できる可能性が高くなります。また、配偶者居住権などがなくても相続開始時に住んでいた自宅をすぐに退去させられることのないよう、相続開始から６か月などの一定期間、配偶者短期居住権が認められるようになりました。

・遺産分割における配偶者の保護

　婚姻期間が20年以上の夫婦の間でなされた居住不動産（居住建物と敷地）の遺贈または贈与については、遺産の先渡しとはみなさず、相続財産からは除外するものとし、生存配偶者は、より多くの相続財産を相続できるようになりました。

■ その他の改正について

　その他の主要な改正ポイントは以下のとおりです。

相続法改正の全体像

| 相続法改正の成立 | ➡ | 原則として令和元年7月1日施行 |

配偶者の保護に関する改正
- 生存配偶者の居住権
- 遺産分割における配偶者の保護

その他の改正
- 遺産分割制度の見直し
- 遺言制度に関する見直し（自筆証書遺言の要件緩和など）
- 遺留分制度に関する見直し
- 相続人以外の親族（特別寄与者）の貢献を考慮する方策

① 遺産分割制度の見直し

　葬儀費用などの遺産分割前の相続人の資金需要に応えるために、相続人が遺産分割前に相続財産である預貯金について一定の割合で払戻しを受けることができる、預貯金の仮払い制度を創設するなど、遺産分割制度も大きく見直されました。

② 遺言制度に関する見直し

　自筆証書遺言の財産目録について自筆以外の記載を認めるなど様式を緩和するとともに、法務局による自筆証書遺言の保管制度を創設して、利用しやすくするしくみが整えられました。

③ 遺留分制度に関する見直し

　改正前は、遺留分権利者に財産自体の返還請求を認めていたため、株式の共有状態の発生により事業承継の支障になるなどの指摘があったことから、金銭支払請求のみを認めることになりました（遺留分侵害額請求権）。

④ 相続人以外の親族（特別寄与者）の貢献を考慮する方策

　相続人以外の親族が無償で療養看護や労務の提供により被相続人の財産の維持または増加に貢献したときは、相続人に対し特別寄与料を請求できるとする規定が設けられました。

預貯金の仮払い制度の創設

遺産分割の終了前であっても、相続人が、たとえば被相続人の葬祭費用などとして、預貯金債権の払戻しを必要とする場面が少なくない。相続法改正により創設された預貯金の仮払い制度により、相続人の法定相続分の3分の1までという制限はあるものの、金融機関から被相続人の預貯金の払戻しを受けることが可能になった意義は大きいといえる。

法律にはいろいろな分類がある

　法律と言っても様々な法律があり、いろいろな観点から分類されています。私たちに身近な民法は「私法」であり、「民事法」であり、「実体法」であり、「一般法」です。

①　私法と公法

　私法とは、私人間の関係を規律する法のことです。これに対して、憲法や行政法のように国・自治体と市民との関係を規律する法を公法といいます。

②　民事法と刑事法

　民事法は、人や会社など私人間における権利義務やそれに関連する紛争解決手続を規律する法分野で民法や商法、民事訴訟法、借地借家法などが属します。犯罪と刑罰に関する規律である刑事法と対置されます。

③　実体法と手続法

　実体法は、権利義務の発生、変更、消滅の要件など法律関係の内容を規定する法であり、民法以外に商法、刑法なども実体法に属します。実体法に対して、権利義務を実現する手続きを規定した手続法があり、民事訴訟法などが属します。民法などの実体法で定められた権利義務を民事訴訟法等で定められた手続きによって実現するという関係になります。

④　一般法と特別法

　一般法とは、人や場所、事柄について広く一般に適用される法です。特定の人や場所、事柄について適用される法を特別法といい、特別法は一般法が優先して適用されます。たとえば、会社法は民法の特別法であり、民法と会社法で規定が異なる場合は会社法の規定が優先して適用されます。また、一般法と特別法の関係は相対的なものです。たとえば、独占禁止法の一部は民法の特別法ですが、景品表示法は独占禁止法の特別法です。

PART 1

総　則

民法の基本原則

■ 民法の３大原則

　民法は、３つの大切な考え方に基づいて規定が作られています。それは、所有権絶対の原則・私的自治の原則・過失責任の原則と呼ばれています。

　所有権絶対の原則とは、所有権は何らの制約を受けない完全な支配権であるということです。つまり、ある物の持ち主はそれを煮て食おうと焼いて食おうと自由ですし、誰にもそれは邪魔されないのです。

　また、私的自治の原則とは、当事者の自由意思によって私的な法律関係を自由に形成できることをいいます。取引関係に立つ人は、自分の行う取引については自由に自分の考え通りに行えるということです。この私的自治の原則から派生して生まれてきた考え方が、契約自由の原則です。

　そして、過失責任の原則とは、自分に落ち度（過失）がなければ責任を負わないという原則です。主に過失責任は不法行為等の場合に問題になります。しかし、過失責任の原則を完全に貫いてしまうと、被害者の救済が不十分になってしまう場合もあります。そこで民法は、例外的に過失の有無を問わずに、責任を負う場合を規定しています（無過失責任）。

■ 民法１条には何が書いてある

　民法１条には、民法全体にあてはまる基本理念が定められています。公共の福祉・信義誠実の原則・権利濫用の禁止です。

　無人島で１人で暮らすのなら別ですが、そうでない限り私た

無過失責任
損害が発生したことについて故意・過失がない場合にも責任を負うこと。過失がなくても責任を負わせるという考え方のことを無過失責任主義という。

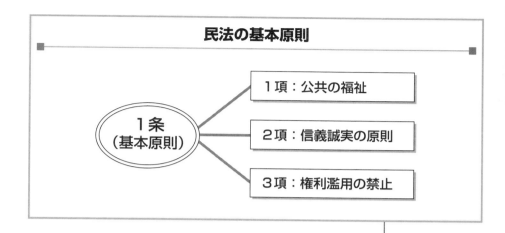

民法の基本原則

1条
（基本原則）

1項：公共の福祉

2項：信義誠実の原則

3項：権利濫用の禁止

ちは、社会全体の共通の利益に反して生活することは許されないでしょう。社会全体の共通の利益を公共の福祉といいます。私たちの生活も公共の福祉に反するわけにはいきません。

また、自分と関わりをもつ人の信頼を裏切ることのないように、誠意をもって行動することも大切なことです。民法はこのことを「信義に従い誠実に」といっています。これは信義誠実の原則（信義則）と呼ばれています。信義則は、民法の個々の条文をそのまま適用したのでは不当な結果が生じるような場合に、弾力的な解決ができるように、様々な形で適用されます。

ところで、自分に権利があるからといって、何をやっても許されると考える人はいないでしょう。自分に権利があることをいいことに、その権利の行使が相手を困らせることだけを目的とする場合はもちろんですが、本人には悪気はなかったとしても、権利を行使することで得られる権利者個人の利益に比べて、相手方や社会全体に及ぼす害悪があまりに大きい場合は、権利濫用とされ、許されない場合もあります。

権利濫用の禁止

たとえば、自分の土地に他人の物があるとしても、土地の侵害の程度が軽微で所有者の土地利用に影響がないのに対し、物の撤去に莫大な費用がかかる場合に所有権に基づく妨害排除請求をすることは権利濫用にあたると考えられる。

権利能力・意思能力・行為能力

有効に法律行為を行うために備えていなければならない資格や能力

■ 人と権利能力

「私法上の権利義務の主体となり得る資格」を権利能力といいます。権利能力がなければ、他人と契約を結ぶことも、財産を所有することもできません。つまり、民法の世界では独立した主体にはなれないということです。

権利能力をもつことができるのは個人と法人（会社など）に限られます。ここでいう個人とは、私たち生身の人間（自然人といいます）のことです。法人は人間以外のもので、法律によって権利能力を承認されたものです。ですから、法律上「人」という場合には、自然人と法人をさすことになります。

■ 胎児の権利能力

人間は出生と同時に権利能力を取得し、死亡することによって喪失します。胎児は、まだ生まれていませんから原則として権利能力はありません。しかし、これを貫くと、母親のおなかの中にいるうちに父親が死亡したような場合には、わずかな期間の違いで相続ができないなど、酷な事態が生じます。そこで民法は、損害賠償請求・相続・遺贈の場合には、胎児を「すでに生まれたもの」とみなして権利能力を認めています。

■ 意思能力

権利能力があることと、実際に法律上の行為をして権利を取得し、義務を負担するというのは別問題です。権利能力は、民法の世界への参加資格のようなものです。実際に活動するには、

権利能力・意思能力・行為能力の比較

能　力	定　義	能力者と制限	制限能力者の行為の効果
権利能力	私法上の権利の取得や義務の負担が可能になる能力	自然人だけでなく法人にも認められる	本人に権利・義務が帰属しない
意思能力	自分の行為の結果を理解し、判断することのできる能力	具体的な行為ごとに判断する	無効
行為能力	単独で有効な法律行為を行うことのできる能力	行為能力が不十分な人を制限行為能力者として定型化	取り消すことができる

自分の行為の結果を理解し、判断できる能力が必要です。これを意思能力といいます。伝統的には、7歳から10歳程度の人の精神能力があれば、意思能力があると認められると考えられています。すべての個人は、原則として自己の意思に基づくことによってだけ、権利を取得し、義務を負うことになります。意思能力のない人の行為は、その人の意思に基づく行為とはいえませんから（意思無能力）、何の効力もありません。

■ 行為能力

　世の中はなかなか複雑でやっかいなものです。いい人ばかりがいるとは限りません。ある行為が自分にとって有利か不利かということを、ある程度判断できないと、悪い人に食い物にされかねませんので、民法は、判断能力が不十分な人を保護する制度を用意しています。そうした保護を受けなくても、単独で完全に有効な行為をすることができる法律上の地位や資格を行為能力といいます。民法上で単に能力という場合は、この行為能力をさすことが多いようです。

> **意思無能力の条文化**
> 民法改正によって「法律行為の当事者が意思表示をした時に意思能力を有しなかったときは、その法律行為は、無効とする」（3条の2）ことが条文化された。

制限行為能力者制度

単独で有効な法律行為を行うことができない者を保護するための制度

■ 制限行為能力者制度

　判断能力が不十分なために、単独では完全に有効な行為を行うことができないとされている人を制限行為能力者といいます。行為能力が制限されている人という意味です。民法は、これらの人の行為能力を制限する一方で、それぞれにふさわしい保護者をつけて、制限行為能力者が損害を受けないようにし、本人の権利が守られるような配慮をしています。たとえば、幼児は母親に頼まれたおつかいくらいはできるでしょうが、不動産取引などはできるはずもありません。大人であっても、精神疾患のある高齢者など、「簡単な日常の買い物程度なら大丈夫だけど、複雑な取引はちょっと…」という人もいます。

　また、取引の相手となる人も親切な人ばかりとは限りません。判断能力が不十分な人は、下手をすれば悪質な取引相手のカモにされてしまうかもしれません。

　そこで、民法は、制限行為能力者が取引行為を行うには、保護者の同意を得ることを必要としたり、仮に取引行為を行ってしまっても、それが制限行為能力者に不利な内容のものであったら、後からその行為を取り消す（なかったことにする）ことができるようにしました。また、自分で取引をするのが困難な人であれば、誰か代わりの人（代理人）にやってもらうことができるようになっています。保護者に関与させることで、本人の判断能力の不十分さを補っているのです。

　制限行為能力者の制度は、大きく分けて未成年者を対象とするものと、成人を対象とするものがあります。

制限行為能力者制度

判断能力が十分でない者

① 成年被後見人
② 被保佐人
③ 被補助人
④ 未成年者

→

ⓐ これらの者の行為能力を制限する

ⓑ これらの者に保護者をつけ、権限（同意権、代理権、取消権、追認権）を与える

■ 未成年者

　20歳未満の者が未成年者です（4条）。未成年者が取引をするには、原則として、保護者である法定代理人（普通はその子の親）の同意を得ることが必要です（5条1項）。法定代理人の同意がない場合には、取り消すことができます（5条2項）。

■ 成年後見制度

　成年後見制度は、主に成人の判断能力が不十分な人を保護するためのものです。成年後見制度は法定後見と任意後見に分類できます。任意後見は「任意後見契約に関する法律」に基づき、契約を締結して任意後見人となる者を指定し、その職務内容を定めておく制度です。他方、家庭裁判所の審判によって成年後見人などを選任する制度が法定後見です。法定後見には、精神上の障害によって判断能力をいつも欠く状態の成年被後見人（7条）、著しく不十分な被保佐人（11条）、判断能力が不十分な被補助人（15条）の3種類があります。

　家庭裁判所の審判を経て、それぞれ保護者（成年後見人、保佐人、補助人）がつくことになります。保護者の権限の範囲が一番大きいのが、成年後見人で、以下、保佐人、補助人の順となります。

成人年齢の引き下げ

令和4年4月1日施行の民法改正により、成人年齢は20歳から18歳に引き下げられる。18歳や19歳でも単独で契約締結などの法律行為ができるようになる他、父母の親権に服さなくなる。

■ 不動産以外の物は動産

　人が権利の主体だとすれば、物は権利の客体です。民法は「物」とは有体物（形のある物）をいうと規定しています（85条）。有体物とは、物理的に空間の一部を占める物ですので、原則として固体・液体・気体をさします。電気・熱等のエネルギー、データ等の情報は、取引対象となることはあっても、民法上の「物」には原則として含まれません。そして、権利の客体である以上、排他的に支配できるものでなければなりませんので、空気、海洋、天体などは「物」とはいえません。

　物の分類で重要なのは、不動産と動産の区別です（86条）。

① **不動産**

　土地と土地の定着物が不動産です。定着物とは、土地に継続的に固定されて使用されるもの（建物、立木など）をいいます。

② **動産**

　不動産以外の物はすべて動産です。

■ 主物とともに処分される従物

　独立の物でありながら、客観的・経済的には他の物（主物）に従属して、その効用を助けるものを従物といいます。判例が従物とした物として、畳、増築した茶の間、庭に置かれた取り外し可能な石灯籠などがあります。また、従物は主物と同じ所有者に属することが必要です。従物は原則として主物の処分に従います。したがって、主物を売却すれば従物も売却したことになります。ただ、従物は主物から独立した物なので、主物の

従物と類似の概念

従物との区別に関して注意するべき概念として、付合物がある。民法上では「不動産に従としてこれに付合した物」と規定されており、主に土地の構成部分や建物・立木以外の取り外し困難となった不動産の定着物をさす。なお、従物と付合物とを合わせて、付加一体物と呼んでいる。

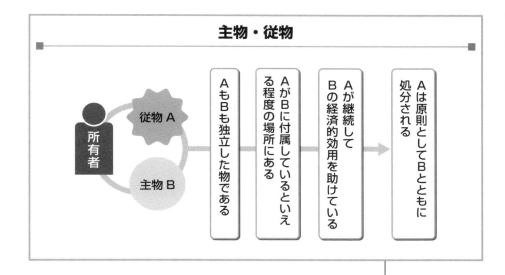

主物・従物

所有者 — 従物A / 主物B

AもBも独立した物である

AがBに付属しているといえる程度の場所にある

Aが継続してBの経済的効用を助けている

Aは原則としてBとともに処分される

処分時に従物を除外することもできます。

■ 天然果実と法定果実

　物の用法に従い、かつ物の本体を害することなく産出される経済的収益を果実といい、果実を生ずる物を元物（がんぶつ）といいます。果実とはいっても果物だけではありません。もっと広い意味がありますから注意しましょう。

① 天然果実

　物の用法に従って収穫したり、収取したりする産出物が天然果実です。果物はもちろん、飼い犬の子ども、牛乳、果樹園の果物などがこれにあたります。

② 法定果実

　法定果実とは、物を使用させた対価として受け取る金銭その他の物です。不動産を賃貸する場合の賃料（地代・家賃）がその代表です。お金を貸したときなどに発生する利息も法定果実として扱われます。

造作

建物の内部を構成する部分品や設備をのこと。部分品の例としては、畳や建具が挙げられる。また、設備の例としては、空調設備やシステムキッチン・システムバスなどが該当する。

法律行為

法律上の効果を発生・変更・消滅させることをめざして行われる行為

**単独行為と
合同行為**

単独行為とは、遺言や
解除のように、単独の
者による一方的な意思
表示によって完成する
法律行為をいう。合同
行為とは、組合の設立
行為など、複数の者の
意思表示が共通の目的
を持って、同一方向に
集合している法律行為
をさす。

■ 法律行為とは何か

　法律行為とは、人がある法律効果を発生させたいという意思を表示したら、法律がその実現を手助けしてくれる行為のことをいいます。法律効果とは、その人が達成しようとした目的（車を購入するなど）をさすと考えてかまいません。法律行為は契約、単独行為、合同行為に分類されます。

　ある人が車を欲しいとしましょう。車を自分の物にするという目的を達成するためには、誰かから「買う」わけです。そのときには、「この車を10万円でください」と相手に伝えます。これが意思表示です。相手（売主）も「10万円で売りましょう」と応えます。これも意思表示といえます。表現は違いますが、この２つの意思表示は、結局は「この車と10万円のお金を引換えにしよう」というのと同じ内容です。これを「意思表示の合致」といいます。これで売買契約という法律行為ができあがりました。

　契約の他にも法律行為はありますが、法律行為全般に共通するのは意思表示です。つまり、法律行為は意思表示を不可欠な要素とする行為です。そこで、民法は、法律行為の章の中に意思表示についての規定を置いているのです（93条〜98条の２）。

■ 法律行為の社会的妥当性

　法律行為は、原則として、当事者の意図したとおりの効力が認められます。これを法律行為自由の原則といいます。法律行為の中では契約が最も重要なので、契約自由の原則といっても

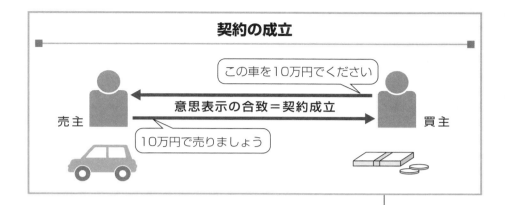

契約の成立

この車を10万円でください

意思表示の合致＝契約成立

10万円で売りましょう

売主　　　　　　　　　　　　　　　　　　　　　買主

よいでしょう。ただ、これにも限界はあります。強行規定など
に違反する法律行為は、その全部または一部が無効となります。

① **強行規定**

強行規定に違反する契約は全部または一部が無効となります。
たとえば、利息制限法の制限利率を超える利率の貸金契約や、
労働基準法に違反する雇用契約などです。これに対して、法律
とは異なる内容の契約をしてもよい場合を任意規定といいます。
民法の規定の多くは任意規定です。

② **公序良俗**

公の秩序または善良な風俗に反する事項を目的とする法律行
為は無効とされます（90条）。法律行為の内容が国家・社会の
一般的利益や社会の倫理に反する場合には、法は助けてくれま
せん。当事者の目的を達成することにも、さらには関係の後始
末にも法律は手を貸さないのです。たとえば、殺人を依頼する
契約のような刑法に違反する犯罪行為が含まれることはもちろ
んですが、愛人契約等のように、直接的には法律に違反してい
ないものの、健全な社会秩序を乱すおそれがある法律行為につ
いても、公序良俗に違反する無効な行為と扱われます。

**物権は強行規定
が多い**

物権法定主義（60ペー
ジ）により当事者の特
約で物権を創設できな
いなど、物権に関する
規定は強行規定が多い。

意思表示

••

法律関係の変動を望む意思を外部に表示する行為をいう

■ 意思表示とは

　意思表示は、法律行為の中核となるものです。ある法律効果の発生を望み、そのことを相手に伝える行為をいいます。一見難しそうですが、私たちが日常的に行っていることです。お店で、「あれください」と言えば、それは売買の申込みの意思表示です。そして、店員が「はい、どうぞ」と言えば、承諾の意思表示であるわけです。私的自治の原則という大原則により、人は、原則として自由に自らの望む法律効果の発生を実現させることができます。法律関係の変動をめざして行われる法律行為には、いわばスタートともいえる有効な意思表示が存在することが大前提になります。

■ 心と言葉のはざまで

　ところで、私的自治の原則の下では、本人の意思が尊重されます。それを貫けば、本人の心の中の意思（内心的効果意思）を尊重するのが筋でしょう。しかし、その一方で意思表示はコミュニケーションですから、相手に意思が伝わらなければ意味がありません。表示行為から推測される意思（表示上の効果意思）が、内心的効果意思と一致していれば問題はありませんが、それが食い違った場合には、どうすればよいでしょうか。

　この場合には、内心的効果意思を優先する立場（意思主義）と、表示上の効果意思を優先する立場（表示主義）とがありえます。民法は原則として意思主義の立場をとっています。

　意思主義を徹底すれば、内心的効果意思が不存在（欠缺）の

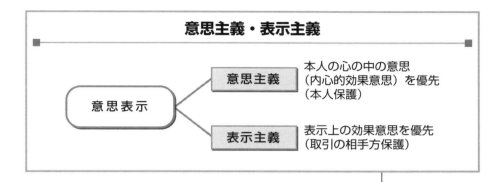

意思主義・表示主義

意思表示

意思主義 → 本人の心の中の意思
（内心的効果意思）を優先
（本人保護）

表示主義 → 表示上の効果意思を優先
（取引の相手方保護）

効果意思

一定の法律効果を発生
させようとする意思の
ことをいう。

場合や、何らかの理由で表示上の効果意思または表示行為と内心的効果意思とが食い違う場合には、意思表示としては無効という結論になります。

　しかし、それでは日常頻繁に行われている取引が混乱してしまいます。そこで、表示を信頼した者を保護することも重視する必要があります。民法にも、表示を信頼した者を保護する規定がいくつかあります。

■ 表示を信頼した者を保護する規定

　民法94条１項はお互いが通じ合ってした虚偽の意思表示（虚偽表示）を無効としています。双方ともウソと認識しているのですから、無効にしても問題がないからです。つまり意思主義の立場から、実体を持たない意思表示を無効にしているのです。

　しかし、ウソの意思表示を真実だと思って新しく他の人が関与してきた場合には無効にしてしまうと問題が生じます。

　そこで、民法94条２項は「前項の規定による意思表示の無効は、善意の第三者に対抗することができない」と規定し、虚偽表示という外観を信頼して（虚偽であることを知らずに）取引関係に加わった第三者を保護しています。民法94条２項は、表示主義の立場から表示を信頼した者を保護する代表的な規定ということができます。

心裡留保・虚偽表示

意思表示が無効になる場合がある

■ わざとウソをつくのが心裡留保

　意思表示をする者（表意者）自身が、真意でないことを知りながら意思表示をすることを心裡留保といいます（93条）。たとえば、本当は買うつもりがないのに商品の購入の申込みをすることです。心裡留保について民法は、意思と表示とが食い違っていることを表意者自身が知っているため、表示通りの効果を認める（意思表示は有効である）としています。これは表示主義を採用したものです。しかし、表意者が真意でないのを相手方が知っていた場合（悪意）、または少し注意すれば知ることができた（過失がある）場合には、相手方を保護する必要がないため、その場合は意思表示が無効となります。

■ 2人でつくウソが虚偽表示

　相手方と示し合わせて真意でない意思表示をすることを虚偽表示（通謀虚偽表示）といいます（94条）。当事者間には表示通りの意思がないので、虚偽表示は無効です。たとえば、Aが不動産の差押えを受ける可能性がある場合に、これを回避するために不動産をBに売ったことにする場合が挙げられます。無効とするのは意思主義を採用したものです。ただ、後に示し合わせた相手方（B）が裏切って他人に不動産を売却したときは、Bから購入した第三者を保護すべき場合が生じます。

　つまり、当事者間（AB間）の虚偽表示の事実を知らずに（善意）、相手方（B）と取引行為をした第三者（C）に対して、当事者は虚偽表示による無効を主張できなくなります（94条2

身分行為には適用されない

婚姻や養子縁組など親族法・相続法に関わる行為（身分行為）については、当事者が真意で行うのが重視されるため、心裡留保に関する規定は適用されず、真意と異なる場合は、常に無効となる。

表示主義

31ページ参照。

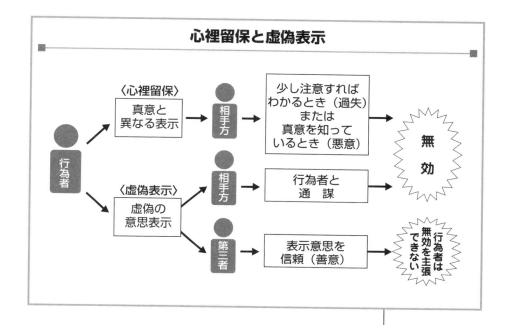

心裡留保と虚偽表示

〈心裡留保〉
真意と異なる表示 → 相手方 → 少し注意すればわかるとき（過失）または真意を知っているとき（悪意） → **無効**

〈虚偽表示〉
虚偽の意思表示 → 相手方 → 行為者と通謀 → **無効**

→ 第三者 → 表示意思を信頼（善意） → 行為者は無効を主張できない

項）。そのため、善意のCからの不動産の引渡し請求をAは拒否できません。これは表示主義の立場から、表示を信頼した第三者を保護するもので、外観法理とも呼ばれます。しかし、Cが悪意である（虚偽表示の事実を知っていた）ときは、AはCに対して虚偽表示による無効を主張できます。このときは、悪意のCからの不動産の引渡し請求をAは拒否できます。

ただし判例によると、悪意のCが不動産をD（転得者）に売却した場合は、DがAB間の虚偽表示の事実を知らない（善意）ときに、Dに対して虚偽表示の無効を主張できなくなります。外観を信頼して取引したDを保護すべきだからです。

また、善意のCがDに不動産を売却した場合は、Dの善意または悪意に関係なく、Dに対して虚偽表示の無効を主張できなくなります。善意のCが確定的に不動産を取得しているので、その後の取得者の主観的事情は問題としないと考えているのです。

外観法理

虚偽の外観（他人が権利者であると勘違いする状況）を真の権利者が作り出したときは、その外観を信頼した者を保護すべきとする原則。表見法理・権利外観法理ともいう。虚偽表示の第三者保護規定や表見代理の規定は、外観法理が表れた規定といえる。

錯誤による意思表示

「勘違い」により行った意思表示を取り消すことができる場合がある

■ 錯誤とは

錯誤とは、表示と真意との食い違いに表意者が気づいていない場合をいいます。たとえば、商品の売買契約において、買主が「150万円で買おう」と考えていたにもかかわらず、誤って「1500万円で買う」と伝えてしまった場合などが挙げられます。商品の代金は、売買契約において重要な要素といえますが、重要な要素に関する錯誤がある場合は、原則として、意思表示を取り消すことができます。

また、錯誤が問題になるケースとしては、以下のような動機が問題となる場合が挙げられます。B所有の甲土地の購入を検討しているAがいるとしましょう。もし、Aが甲土地を購入する際に、数年後に甲土地の近所に駅が設置されるとの話を聞いたので、交通の便が良くなり地価が高騰すると予想し、甲土地の上にマンションを建てて賃料収入を得ることを目的にしていたとします。しかし、実際には、甲土地の近所に駅が設置される話は一切なく、Aの勘違いでした。この場合、「駅ができる話がなければ、甲土地を購入しなかった」という動機に勘違いがあったとして、AはBに対して甲土地の売買契約をなかったことにしたいと主張することが許されるのでしょうか。

■ 民法上の錯誤に関する取扱い

民法は、まず、錯誤には、①意思表示に対応する意思を欠く錯誤と、②表意者が法律行為の基礎とした事情についてのその認識が真実に反する錯誤があることを規定しています（95条1

第三者保護のための規定

改正法では、錯誤による意思表示の取消しは、「善意でかつ過失がない第三者に対抗することができない」と規定され、表意者が錯誤に陥って意思表示を行っていることにつき、過失なく知らずに、取引関係に入った第三者を保護する規定が用意されている。

要素の錯誤が認められる場合

本文のケースでは「甲土地の近くに駅が設置される」という勘違いがなければAも一般人も甲土地を購入しなかったであろうといえる場合に、その勘違いが重要な錯誤と認められてAが錯誤による取消しを主張できることになる。

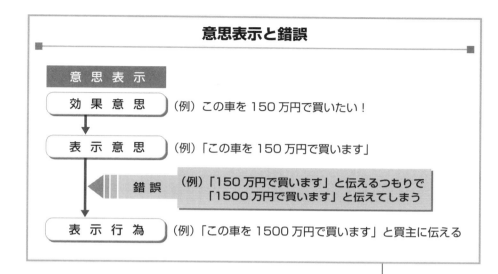

意思表示と錯誤

意 思 表 示	
効 果 意 思	（例）この車を 150 万円で買いたい！
表 示 意 思	（例）「この車を 150 万円で買います」
錯誤	（例）「150 万円で買います」と伝えるつもりで「1500 万円で買います」と伝えてしまう
表 示 行 為	（例）「この車を 1500 万円で買います」と買主に伝える

項）。①が意思表示の錯誤、②が動機の錯誤に相当します。その上で、②については「その事情が法律行為の基礎とされていることが表示されていたとき」に限り錯誤による取消しができると規定しています（95条2項）。したがって前述した近所に駅ができるという理由（動機）に基づき、甲土地を購入するという意思表示についても、理由が表示されていれば錯誤の対象に含まれる可能性があります。

　そして民法は、錯誤が「法律行為の目的及び取引上の社会通念に照らして」重要なものであるときに、錯誤による取消しができると規定しています（95条1項）。要するに、あまり重要でない事柄について勘違いがあったとしても意思表示の効力には影響を及ぼさないということです。また、表意者が重大な落ち度（重過失）により錯誤に陥ったときは、①相手方が表意者に錯誤があることを知り、または重大な落ち度（重過失）によって知らなかった場合や、②相手方も表意者と共通の錯誤に陥っていた場合を除いて、錯誤に基づく意思表示の取消しを主張することが認められません（95条3項）。

詐欺・強迫による意思表示

意思表示に不当な介入があった場合には取り消すことができる

心理留保、虚偽表示、錯誤は、外部に表示された行為から推察される表意者の意思に対応する内心的効果意思が存在しない場合（意思の不存在）である。これに対して、詐欺・強迫に関しては、表示行為と内心的効果意思との間に食い違いは存在しないが、内心的効果意思が形成される過程で、何らかの弊害が生じた場合（瑕疵ある意思表示）である。

■ 詐欺・強迫とは

　人をだまして錯誤に陥れることを詐欺といい、恐ろしいことを言って、人を怖がらせることを強迫（脅迫ではありません）といいます。「自分の言ったことには責任をもて」とよく言われますが、詐欺や強迫の場合にも言ったとおりの義務を負わせるのは気の毒でしょう。そこで、民法は、詐欺または強迫を受けて行った意思表示の取消しを認めています。なお、たとえばナイフを突きつけて、無理やり契約書にサインをさせたというような、怖がらせるだけではなく、相手の判断能力を奪うような形で行わせた意思表示については、取り消すまでもなく、表意者の意思無能力を理由に無効となります（3条の2）。

　取消しとは、取消権のある者が「この意思表示は取り消すよ」といって初めてその意思表示が無効となるものです。だまされたり、おどされたりしていても常に損するわけではないことから、民法では取消権を有する者にイニシアチブを与えました。

■ 第三者による詐欺

　意思表示の相手方ではなく、第三者が詐欺をはたらいた場合は、意思表示の相手方が詐欺の事実を知り、または知らないことにつき落ち度（過失）があった場合のみ、意思表示を取り消すことができます。たとえば、Aが、Cから「あの絵画は本物だ」とだまされて、Bから偽物の絵画を買った場合、BがCの詐欺行為を知っていれば、Aは購入の申込みを取り消すことができます。なお、強迫による意思表示は、相手方の強迫であれ、

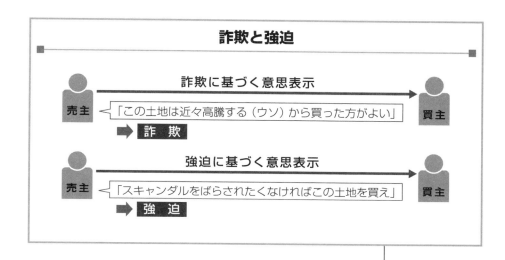

詐欺と強迫

詐欺に基づく意思表示

売主 ← 「この土地は近々高騰する（ウソ）から買った方がよい」 買主

➡ 詐　欺

強迫に基づく意思表示

売主 ← 「スキャンダルをばらされたくなければこの土地を買え」 買主

➡ 強　迫

第三者の強迫であれ、常に取り消すことができます。

■ 第三者保護規定について

　詐欺については、錯誤の場合と同様に、第三者の保護に関する規定が置かれていることも重要です。詐欺にあった表意者を保護することも重要ですが、詐欺を理由に取り消される前の状態を信頼して取引関係に入った第三者を保護することも重要です。

　具体的には、詐欺による意思表示の取消しは、詐欺の事実を知らず、知らないことについて落ち度がない（善意・無過失）第三者には主張（対抗）できませんが、強迫による場合は、善意・無過失の第三者にも取消しを主張できます（96条3項）。民法は、だまされた人よりおどされた人の方を強く保護しています。なぜなら、だまされた人は、より深く注意していればだまされることはなかった可能性があり、意思表示をした方にも落ち度があるともいえますが、おどされた人は、どう頑張っても求められた意思表示をするしかないので、落ち度がないといえるからです。このような違いから、詐欺と強迫では、強迫の方が、取消しの主張が広く認められています。

第三者詐欺に関する規定の趣旨

詐欺行為を行ったのが契約の当事者ではなく、契約とは無関係の第三者が詐欺を行った場合は、第三者詐欺と呼ばれている。民法は、「相手方に対する意思表示について第三者が詐欺を行った場合においては、相手方がその事実を知り、又は知ることができたときに限り、その意思表示を取り消すことができる」と規定している。

代理

代理人が行った法律行為の効果は本人に帰属する

**任意代理と
法定代理**

本人の依頼を受けて代
理人となる場合を任意
代理、法律の規定に基
づいて代理人となる場
合を法定代理という
（未成年者の親権者な
どがあてはまる）。一
般論として、任意代理
には私的自治の拡張、
法定代理には私的自治
の補充という作用があ
ると言われている。

復代理

任意代理人と法定代理
人とでは、復代理人を
選任できる場合が異な
る。任意代理人につい
ては、本人の許諾を得
た場合またはやむを得
ない場合に、はじめて
復代理人の選任が認め
られる。他方、法定代
理人に関しては、原則
としていつでも復代理
人を選任することがで
きる。

■ 代理とは何か

　代理とは、自分（本人）の代わりに他人（代理人）に法律行
為を行わせて、本人が代理人の行った法律行為の結果（効果）
を受けるという制度です。代理は、取引行為など本人の活動範
囲を拡張させるための制度です（私的自治の拡張）。本人と一
定の関係にある代理人が、本人のために意思表示をすると、そ
の法律効果が直接本人に帰属します。

　また、未成年者や成年被後見人などの制限行為能力者につい
ては、親権者や後見人などが代理を行います。この場合の代理
は、私的自治を補充する役割を持ちます。

■ 代理における三面関係

　代理では、①本人と代理人との関係（代理関係）、②代理人
と相手方との関係（代理行為の当事者）、③本人と相手方との
関係（法律効果の帰属者）、という三面関係が成立します。

① 本人と代理人との関係（代理関係）

　代理人の代理行為の効果が本人に帰属するためには、代理人
にはその行為について代理権がなければなりません。代理権と
は、代理をなし得る地位（代理資格）のことで、代理人の法律
行為の効果が本人に帰属するために必要なものです。本人は代
理人となる者に代理権を授与します。代理権のない者がした行
為の効果は、原則として本人には帰属しません。また、ⓐ取引
の当事者が相手方当事者の代理人となること（自己契約）や双
方の当事者の代理人を兼任すること（双方代理）、ⓑ代理人と

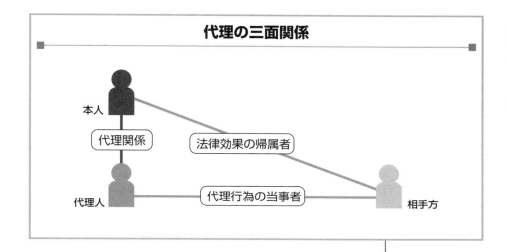

代理の三面関係

本人

代理関係

法律効果の帰属者

代理人

代理行為の当事者

相手方

本人との利益が相反する行為（利益相反行為）について代理行為を行うことは、原則として本人が後で有効なものとして追認（欠陥のある法律行為を事後的に認める事）しない限り無効となります（無権代理行為）。ただし、あらかじめ本人が許諾していた場合や単に債務を履行するだけの場合は本人の追認がなくても有効な代理行為となります。なお、代理人が権限内の行為に関して、さらに代理人（復代理人）を選任することが認められる場合があります。

② **代理人と相手方との関係（代理行為の当事者）**

代理においては、法律行為を行うのは代理人であって、本人はその効果を受けるにすぎません。そこで、代理人には、代理人として法律行為をしていることを相手方に明らかにすること（顕名）が要求されています。また、代理人にはその法律効果が帰属しないので、原則として行為能力を要しません。

③ **本人と相手方との関係（法律効果の帰属者）**

有効な代理行為の効果はすべて本人に帰属します。たとえば、売買契約において目的物の所有権を得ることや、代金を支払う義務などです。

> **代理行為の瑕疵**
>
> 代理行為を行うのは本人ではなく代理人であるため、代理行為の効力に影響を及ぼしうる錯誤、詐欺、善意・悪意、過失などの事項は、代理人を基準に判断するのが原則である。ただし、特定の法律行為を代理人に委託した場合は、本人は、自分が知っていた事情について、代理人が知らなかったことを主張したり、自分が知らないことに過失があった事情について、代理人が知らないことに過失がなかったことを主張することはできない。

無権代理と表見代理

無権代理行為も本人が追認すれば本人に効果が帰属する

■ 無権代理とは

　代理行為には様々な問題があります。たとえば、本人から実際には代理権を与えられていないのに、代理人であると称して他人と契約等の法律行為を行った場合や、代理権自体は与えられていた代理人が、与えられた権限を超えて、または権限を濫用して行った法律行為に関する問題などが挙げられます。

　代理人として代理行為をした者に代理権がない場合（代理権の範囲を超える場合を含みます）を無権代理といいます。この場合の法律効果は本人に帰属しないのはもちろん、代理人にも帰属しません。ただし、本人が無権代理人の行為（無権代理行為）を追認（承認）すれば、本人に効果が帰属します（113条）。

　しかし、本人の追認が得られない場合は、無権代理行為の無効が確定し、無権代理人に特別の責任が負わされます（無権代理人の責任、117条）。つまり、無権代理人は、本人の追認を得たときを除き、相手方（無権代理の事実について善意かつ無過失であることが必要です）の選択に従い、相手方に対して履行責任または損害賠償責任を負います。無権代理人の責任は、無過失責任であるという点には注意が必要です。無権代理人が相手方から履行責任あるいは損害賠償責任を追及された場合に、無権代理人は、自己に正当な代理権があると信じており、信じたことについて落ち度がない（無過失）と主張したとしても、無権代理人の責任を免れることはできません。

　履行責任を負うとは、たとえば無権代理行為が売買契約等であった場合、無権代理人が売主側である場合には、目的物を引

無権代理行為と表見代理

代理人

正当な代理権を持たないで行った法律行為

原　則　無権代理行為
∴ 本人に効果は帰属しない（代理人にも帰属しない）
⇒ ただし、本人の追認により本人に効果が帰属する

例　外　代理行為として認められる場合がある

→ **表　見　代　理**

表見代理
① 授権表示の表見代理
② 権限を越えた場合の表見代理
③ 代理権消滅後の表見代理

き渡す義務を無権代理人自身が負うということです。

　もっとも、無権代理人が履行責任を果たすのは困難であることが多いので、損害賠償請求が行われる場合が多いといえます。

■ 表見代理とは

　無権代理行為の場合、常に本人の追認が得られるとは限りません。本人の追認が得られない場合には、前述のように無権代理人の責任を追及するわけですが、それも容易なことではありません。また、行為当時には代理権の有無が明確でない場合もあります。しかし、それでは代理権がないことを知らずに取引した相手方の保護としては不十分ですし、代理制度の社会的信用を損なうおそれがあります。

　そこで民法は、取引の相手方を保護するため、実際には代理権を与えていなかったとしても、代理権を与えていたかのような外観があり、その外観を作り出したことについて本人に一定の責任を認めることができる場合には、代理行為の効果を本人

追認

事後的に確定的なものにする当事者の意思表示で、取り消すことができる行為などを後から認めること。無権代理であれば、無権代理人のした行為を本人が追認することにより、無権代理人の行為を有効として、その効果を本人が享受することもできる（民法116条）。

に帰属させることにしました。いわば本人と代理人との間に、最初から有効な代理関係があったように扱うわけです。これが表見代理の制度です。

　表見代理の規定は、相手方の信頼を保護するために、取引の安全を優先する法制度といえます。このように、外観に対する信頼を保護するための法制度を、権利外観法理といいます。そのため、表見代理の成立が認められた場合には、無権代理人の行為であるにもかかわらず、その行為の効果が、本人に帰属するという効果が発生します。

①　授権表示による表見代理（109条）

　本人が第三者（相手方）に対して、他人に代理権を与えた旨の表示（授権表示）をしましたが、実際には代理権を与えていなかった場合です。白紙委任状を渡した場合や、自分の名義を使って仕事をすることを許した場合（名板貸し）がそうです。

　債権法改正前は、実際には代理権を持たない者が、授権表示により示された代理権の範囲内の行為をした場合の表見代理についてのみ定めていました。判例は、授権表示が行われたものの、実際には代理権を持たない者が、その授権表示によって示されている代理権の範囲を超えて法律行為に及ぶという場合の表見代理も認めており、債権法改正によって明文化されました。

②　権限を越えた場合の表見代理（110条）

　代理人には何らかの代理権（基本代理権）がありましたが、代理人がその代理権の範囲を超えて代理行為をした場合です。土地の管理を頼まれていた者が、その土地を売却してしまった場合などがあてはまります。

③　代理権消滅後の表見代理（112条）

　代理人には以前に代理権がありましたが、代理権が消滅した後も、以前と同じように代理人として行為した場合です。勤め先から解雇された新聞の集金人が、集金業務を行って新聞代を徴収した場合などがあてはまります。

白紙委任状

本来、委任状に記載すべき委任者・受任者の氏名や委任事項欄を空欄にしたまま、署名・押印して手渡す委任状のこと。

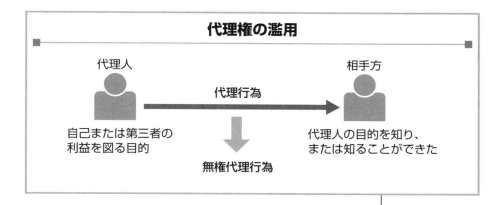

代理権の濫用

代理人 → 相手方

代理行為

自己または第三者の
利益を図る目的

代理人の目的を知り、
または知ることができた

無権代理行為

債権法改正前は、消滅した代理権の範囲内の行為について、以前の代理人が法律行為を行った場合の表見代理についてのみ定めていました。判例は、代理権消滅後に、かつて持っていた代理権を超えた範囲の法律行為を行った場合の表見代理も認めており、債権法改正によって明文化されました（112条2項）。

以上、①〜③のいずれの場合も表見代理の成立については、代理権の有無に関する相手方の主観的事情（善意・無過失など）が問題となります。相手方の主観的事情によって、本人の利益（静的安全）と相手方の利益（動的安全）のどちらを優先させるべきかが決まります。

■ 代理権の濫用について

民法は、代理人が自己や第三者の利益を図る目的で代理行為をした場合、相手方がその目的を知り、または知ることができたときは、無権代理行為とみなすと規定しています。これは、心裡留保に関する規定に似ています。なぜなら、代理人が本当は「自己または第三者の利益のために法律行為に及んでいる」という真意と、客観的には「本人のために法律行為を行っている」という表示が食い違っていることが、心裡留保と類似の状況が発生していると考えられるためです。

無効・取消し

....

法律行為の効力が否定されると原状回復義務が発生する

■ 無効と取消しとは

　「未成年者の行為は取り消すことができる」「相手と通じた虚偽の意思表示は無効」などというように、法律行為の効力に関しては、無効や取消しという言葉がでてきました。ここでは、この2つの言葉について見ていきましょう。

　無効とは、意思表示が当然のこととして効力をもたない場合をいいます。取消しとは、一応有効とされるが、取り消されれば、さかのぼって無効とされる場合をいいます。したがって、取り消すことのできる行為は取り消されるまでは有効なのです。取り消すことのできる事情があっても、それが自分に有利なものだと考えれば、取り消さないこともできます。なお、さかのぼって効力が生じることを遡及効といいます。

　もっとも無効や取消しが問題になるのは、意思表示自体は存在しているということです。法律行為の大前提ともいえる意思表示自体がそもそも存在しない場合には、法律行為は「不成立」であり、無効や取消しとは異なることに注意が必要です。

■ 無効と取消しはどう違う？

　その他にどのような違いがあるのでしょうか。

　まず、追認の効果が異なります。追認とは、欠陥のある法律行為を事後的に認めることです。無効行為は当然に効力をもたないので、追認しても有効になるわけではありません。無効行為の追認は新しい意思表示をしたとみなされます（119条）。

　これに対して、取り消すことのできる行為の追認は、一応有

無効と取消しについてのまとめ

	主張できる者	主張できる期間	追認	効力
無効	誰でもできる	いつでも主張できる	できない	当然無効
取消	取消権がある者 （120条）	期間が限られている （126条）	できる	取消しにより はじめに さかのぼって無効

効に成立している行為を確定的に有効にする行為ということに
なります。これによって、法律行為の相手方にとって、取り消
されるか否かという不安定な状態から解放され、法律関係が確
定するという効果があります。なお、取り消すことのできる法
律行為の相手方は、取り消されるか否かが不明確な間は、法律
的に不安定な位置に置かれざるを得ません。そこで、法律行為
の相手方は、もう一方の当事者である制限行為能力者や無権代
理行為の本人に対して、追認するか否かを確認することが認め
られています。これを催告といいます。催告を行った後に、一
定の期間内に何ら確答（追認するかしないかの返事）が得られ
ない場合には、追認が拒否されたものとして扱われます（20条
1項、114条）。

　追認が行われると、それ以降は、当該法律行為は完全に有効
な法律行為であると扱われるため、いったん追認した法律行為
について、後になって取り消すことはできません。

　また、取消権者が追認の意思表示を示していない場合であっ
ても、民法に定められた一定の事実が存在する場合に追認した
ものと扱われる場合があります。これを法定追認といいます。
民法は法定追認にあたる事実として、次の6つを規定していま
す（125条）。つまり、①取消権者が債務の全部または一部を履
行した場合、②取消権者が相手方が負う債務の履行を請求した

法定追認の成立時期

法定追認は「追認をすることができる時以後」に、6つの事実のいずれかが発生した時に成立する。追認できる時とは、取消しの原因である詐欺、強迫、制限行為能力などの状況が消滅し、自らが取消権を有するのを知った時をさす（124条1項）。

場合、③取り消し得る法律行為に関して更改契約を結んだ場合、④取消権者の負う債務について抵当権等の担保を提供した場合、⑤取り消し得る法律行為により取得した権利の全部または一部を取消権者が譲渡した場合、⑥取消権者が取り消し得る法律行為に基づいて強制執行を行った場合です。

次に、無効は誰であっても主張できます。取消しは詐欺・強迫を受けた者やその代理人など、または制限行為能力者やその代理人など、一定の人しかその主張ができません（120条）。

無効はいつまででも主張できます。これに対して取消権は、追認ができる時から5年間、あるいは法律行為をした時から20年間を経過すると主張できなくなります（126条）。

このように両者に違いがありますが、これは取引の安全などいろいろな事情を考慮した上で、「その行為がなかったことにする」と主張したい人をより強く保護すべき場合なのか、それほどでもないのかによって、「無効」を主張できる場合と「取消し」を主張できる場合が区別されたためです。

■ 原状回復義務について

たとえば、土地の売買契約において、売主が、近い将来その土地周辺の地価が高騰するという虚偽の情報を告げて、これを信じた買主と土地の売買契約を締結し、すでに代金も支払った後で、土地も買主に引き渡されたとしましょう。この場合、買主が詐欺を理由に契約を取り消すと、この契約は遡ってはじめから無効であったとして取り扱われます。

このように契約が取り消された場合、すでに買主は土地の引渡しを受けており、売主は代金の支払いを受けています。契約が遡って無効になった以上、当事者のもとに給付されている物や金銭は、元の持主のもとに戻され、いわば契約締結以前の状態に巻き戻す必要があります。

改正後の民法では、無効な行為によって給付を受けた場合に

改正前の原状回復義務に関する扱い

改正前の民法には、法律行為が無効や取消しになった場合の効果について一般的規定を置いておらず、契約締結前の状態に戻すための直接の明文の根拠は存在していなかった。そこで、不当利得に関する規定を適用して、元の状態への復帰（原状回復）を行っていた。もっとも、不当利得とは必ずしも状況が同じではない法律行為の無効や取消しの場合について、不当利得の条文を適用することには批判も少なからずあり、ルールの整備が求められていた。

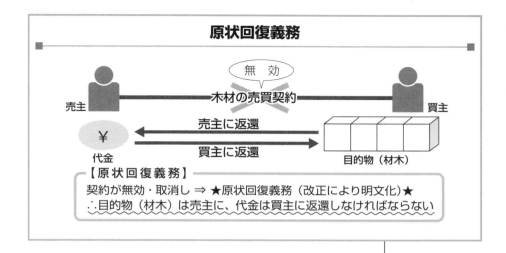

原状回復義務

無効

木材の売買契約

売主　　　　　　　　　　　　　　　　　　　　　　　買主

¥

売主に返還

買主に返還

代金　　　　　　　　　　　　　　　目的物（材木）

【原状回復義務】
契約が無効・取消し ⇒ ★原状回復義務（改正により明文化）★
∴目的物（材木）は売主に、代金は買主に返還しなければならない

ついて、その給付を行った相手方に対して、原状に復帰させる
義務（原状回復義務）を負うことを明記しています（121条の
2第1項）。原状回復とは、そっくりそのまま、契約などが行
われた以前の状態に完全に戻すことをさします。売買契約など
当事者双方が給付をするケースでは、お互いに原状回復するこ
とになります。

しかし、贈与など一方当事者のみが給付するケースでは、給
付を受けた側のみに原状回復義務が課され、不当に重い義務と
なりかねません。そこで、無効な無償行為に基づいて給付を受
けた者は、給付を受けた当時その行為が無効である（または給
付を受けた当時その行為の取消しができる）ことを知らなかっ
たときは、その行為により現に利益を受けている限度で（現存
利益）返還の義務を負う旨の規定が設けられました（121条の
2第2項）。つまり、無償行為の給付を受けた者が善意のとき
は、手元に残っている範囲での返還でよいことになります。

なお、それ以外についても改正法は、取消しができる法律行
為の追認についても、解釈による運用が行われていた点などを
明文化しています（124条）。

無効な行為

無効な行為には、初め
から当然に無効である
場合と、取消しによっ
て初めから無効となっ
た場合（民法121条）
の双方を含む。

**追認に関する
新しい規定**

たとえば、取消しの原
因である状況が消滅
し、かつ、取消権を有
することを知った後で
なければ、追認はでき
ないとの規定（124条
1項）が置かれた。

条件・期限

法律効果の発生や消滅が一定の事実にかかっている場合がある

■ 条件と期限の違い

　私たちが法律行為をする際に、その効果を直ちに発生させずに、ある一定の事実が発生したり、一定の時期が到来したときに発生させようとする場合があります。たとえば、「A大学に合格したら車を買ってやる」「来年の○月×日に借りているお金を返済する」などがそうです。これが条件・期限です。

① 条件

　法律行為の効力の発生または消滅を、将来の不確定な事実の成否によるとする場合を条件といいます。条件には、その条件が成就すれば法律行為の効力を発生させるという停止条件（条件成就まで、法律行為の効力の発生が停止されている）と、その条件が成就すれば法律行為の効力が消滅するという解除条件（条件成就によって、発生していた法律行為の効力がなくなる）があります。「宝クジで1等が当たったら、お宅のマンションを買いますよ」というのが停止条件、「銀行のローン審査が通らなかったらマンションの購入はなかったことにする」というのが解除条件の例です。

　もちろん、法律に違反する条件を定めること、または、法律に違反しないことを条件とすることは許されません（不法条件）。たとえば、「Aを殺したら、300万円あげる」「Bを殺さないなら、300万円をあげる」などの不法条件を定めたら、条件だけでなく契約自体が無効となります。もっとも、一見法律に違反するような条件を定めているように見える場合であっても、許される場合もあります。たとえば、「会社の利益や信用を毀

不法条件

民法132条は「不法な条件を付した法律行為は、無効とする。不法な行為をしないことを条件とするものも、同様とする。」と規定する。

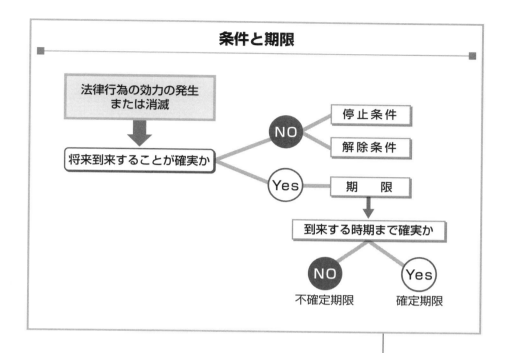

条件と期限

法律行為の効力の発生
または消滅
↓
将来到来することが確実か

NO → 停止条件 / 解除条件

Yes → 期限
↓
到来する時期まで確実か

NO 不確定期限　　Yes 確定期限

損する行為を行った場合には、会社に対して持つすべての持分
を剥奪する」という内容の条件は、条件によって法律違反が助
長される効果が認められないことから、条件としての効力を否
定する必要がないためです。

② 期限

　法律行為の効力の発生・消滅または債務の履行を、将来到来
することが確実な事実の発生にかからせる場合を期限といいま
す。期限となる事実は、将来到来することが確実なものでなけ
ればなりません。到来する時期まで確実なものを確定期限（来
年4月1日など）、到来することは確実ですが、いつ到来するか
不確定なものを不確定期限（私が死んだときなど）といいます。

　なお、「借り入れた100万円については2年後に返済する」と
いう取り決めなどは、期限が到来するまで、債務者は債務の履
行を免れるため、これを期限の利益といいます。

**期限の利益は誰
のためにあるか**

期限の利益は「債務者」
のためにあると推定さ
れる（136条1項）。

時効

一定の期間の経過により権利の取得や消滅を認める制度

■ 時効とは何か

時効は、一定の事実状態が継続する場合に、それが真実の権利関係と一致するかどうかを問わないで、そのまま権利関係として認めようとする制度です。時効には、一定期間の経過によって権利を取得する取得時効と、権利が消滅する消滅時効があります。

時効の存在意義には、主に以下の3点が挙げられます。

1点目は、長期間継続した一定の事実状態を権利関係として保護して、社会秩序の安定をめざすためです。

2点目は、長期間が経過すると証拠が散逸して権利関係の証明が困難となることから、証明の困難を救済するためです。

3点目は、自分が持っている権利を行使しない者について、権利をいつまでも保障しなければならないのでは不合理であることから、「権利の上に眠る者は保護しない」という理由です。

■ 取得時効

取得時効とは、ある人が一定期間ある物を支配し続けたという事実状態を尊重して、実際の権利関係を問わずに、その人にその物に対する権利の取得を認める制度です。他人の物であっても、10年間自分の所有物だと思って占有を継続し（善意・自主占有）、公然と使用し（平穏・公然）、自分の所有物だと思ったことに落ち度がなければ（無過失）、不動産の所有権を取得します（162条2項）。たとえ自分の所有物でないことを知り、または自分の所有物だと思っていたことに落ち度があっても

他主占有

他人の物を占有している場合であっても、借りて使っているような場合（これを他主占有という）には、何年使っていても所有権を時効取得することはできない。

時効の存在理由

> **時効の存在理由**
>
> ① **権利関係の早期確定と紛争の早期解決**
>
> ➡ いつまでも不安定な地位に置かれる当事者の
> 権利関係を確定させる
>
> ② **証拠保全の困難さを考慮**
>
> ➡ 時の経過による証明の困難性を考慮
>
> ③ **「権利の上に眠る者は保護しない」**
>
> ➡ 自ら権利を行使しようとしない権利者を法は
> 保護しない

（悪意または有過失）、20年間不動産の占有を継続すれば、同様
に不動産の所有権を取得します（162条1項）。

■ 消滅時効とは

　消滅時効とは、権利の行使がないまま一定の期間が経過した
ときに、権利の消滅を認める制度です。たとえば、債権は、権
利を行使できるのを知った時から5年（および権利を行使でき
る時から10年）を経過すると、消滅時効が完成します。たとえば、
お金を貸して、返済時期が過ぎても何の催促も返済もないまま
5年が経過すれば、お金を返せという権利は消滅するのです。

■ 時効の援用と相対的効力

　単に時効期間が経過しただけでは、時効による権利取得や権
利消滅の効果は生じません。当事者が、時効の効果の発生を欲
する意思表示があってはじめて効果が生じます。これを時効の
援用といいます。それを潔しとしない者は、時効を援用しない
という選択も可能なのです。また、時効の効力は、原則として
援用した当事者についてのみ発生します（相対的効力）。

> **相対的効力**
>
> 時効の更新や完成猶予
> の相対的効力は民法
> 153条～154条で規
> 定している。

時効期間と時効の更新・完成猶予

....

債権の消滅時効の時効期間は一本化されている

■ 取得時効の時効期間

　所有権の取得時効の時効期間は、善意・無過失の場合は10年、その他の場合は20年です。所有権以外の財産権の取得時効についても同様です。

■ 消滅時効の時効期間

　民法は、債権は権利を行使できるのを知った時から5年（および権利を行使できる時から10年）、債権・所有権以外の財産権は権利を行使できる時から20年で消滅すると定めています（166条）。所有権は消滅時効によって消滅することはありません。債権法改正前は、商取引債権の消滅時効は原則として5年でしたが、その他の債権は原則として10年でした。また、債権の種類に応じて様々な短期の消滅時効を定めていました。しかし、それらの合理性に疑問を呈する意見が強く、いずれも廃止され、債権の消滅時効の時効期間は、ある程度、統一化されました。

■ 損害賠償請求権の時効期間の特則

　債権の消滅時効には、いくつかの例外も規定されています。

　その中で重要な点は、生命や身体を侵害する損害賠償請求権の時効期間について、損害及び加害者を知った時から5年間、または権利を行使できる時から20年間と比較的長期の時効期間が定められていることです（167条、724条の2）。生命や身体の侵害による損害賠償請求権は、それが安全配慮義務違反など

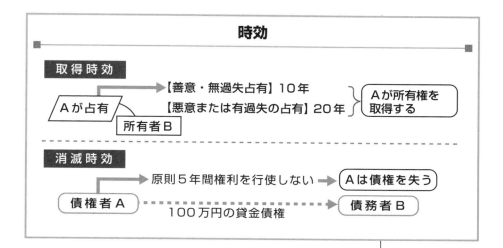

の債務不履行に基づくものでも、交通事故などの不法行為に基づくものでも、被害者保護の必要性が高く、法律構成にかかわらず時効期間を統一しています。また、被害者遺族が心身ともに不安定になりやすいことなどに配慮し、比較的長期の時効期間が定められています。

■ 時効の更新・完成猶予

　債権法改正前は、時効の中断・停止という制度でした。時効の中断とは、債権者と債務者との間に一定の事由が発生すれば、それまでの時効期間をリセットし、新たにゼロから時効期間を再スタートさせる制度です。

　一時的に止めることを意味する「中断」が時効期間のリセットを意味したり、動いているものを止めることを意味する「停止」が猶予をさすなど、用語がわかりにくく、一般的な言語感覚からするとわかりにくい規定でした。

　そこで改正民法では、一般的に使用されている言葉の意味に近づけるため、時効の中断を「時効の更新」に、時効の停止を「時効の完成猶予」に変更し、再構成しています。

安全配慮義務

会社などの使用者が負う、労働者が安全に就労できるように配慮する義務のこと。使用者は、労働者を労働させるにあたって労働者の生命・身体の安全に配慮しなければならない（労働契約法5条）。安全配慮義務を怠ったために労働者が損害を被ったときは、契約違反（債務不履行）として使用者は民法上の損害賠償責任（民法415条）を負うことになる。

■ 更新・完成猶予の事由

　主な事由は次ページ図のとおりですが、具体例に沿って説明します。たとえば、AがBに100万円を貸しているとします。Bは返済期限を過ぎても返済しようとしませんが、返済期限から5年が経過すれば貸金債権は時効消滅します。そこで、Aとしては、Bに対し内容証明郵便で支払いを催促しました。これは「催告」にあたり、6か月間、時効の完成が猶予されます。Aの催促に対し、Bが支払う約束をすれば、「権利の承認」となり、時効は更新されます。つまり、支払う約束から新たに5年の時効期間をカウントするのです。反対に、Bが支払う意思を見せなければ、Aとしては次の方策を考えることになります。Aが訴訟を提起すれば、「裁判上の請求」にあたり、時効の完成は猶予されます。そして、Aの勝訴が確定すれば、時効は更新されます。

　なお、判決で確定した権利の場合、更新後の時効期間は5年ではなく10年になります。また、天災などの事由により訴訟の提起などの措置を講じることが困難な場合は、債権法改正前は「時効の停止」の事由として定められていましたが、改正後は、3か月間、時効の完成が猶予されています。

■ 協議の合意による時効の完成猶予

　債務者と借金の額や支払方法などについて話し合いをもつことは、債権者がその権利を行使しているといえ、時効期間の進行に対して影響を与えることができるようにも思えます。しかし、改正前の民法では、債務者が債務を承認していない場合（承認すると時効が中断〈更新〉します）において、当事者の協議によって時効の完成を妨げるための制度は設けられていませんでした。改正後の民法では、こうした不都合を回避するため、当事者が権利について協議をする旨を合意して、この合意に基づき協議を行っている一定の期間は、時効の完成が猶予さ

主な更新事由と完成猶予事由

ケース	完成猶予事由	更新事由
①裁判上の請求 ②支払督促 ③調停 ④破産手続参加	原則として①〜④の事由が終了するまでの間は時効が完成しない	確定判決などで権利が確定した時に、①〜④の事由の終了時から新たに時効が進行する
⑤強制執行 ⑥担保権の実行 ⑦担保権の実行としての競売	原則として⑤〜⑦の事由が終了するまでの間は時効が完成しない	原則として⑤〜⑦の事由の終了時から新たに時効が進行する
⑧仮差押 ⑨仮処分	⑧⑨の事由の終了時から6か月間は時効が完成しない	
⑩履行の催告	⑩の時から6か月間は時効が完成しない（完成猶予期間中の再度の催告は完成猶予の効力を有しない）	
⑪権利の承認		⑪の時から新たに時効が進行する

れるという制度が設けられています。

　ただし、権利について協議をする旨の合意は必ず書面で残す必要があります。電磁的記録も書面とみなされることから、メールで合意した場合も時効の完成が猶予されます。

　また、時効の完成が猶予される一定の期間は、①協議の合意があったときから1年、②1年に満たない期間を定めた場合はその期間、③当事者の一方が協議の打ち切りを通知したときは通知の時から6か月、のいずれかを早い時までの間とされています。

　なお、協議が調わないときは、再度、協議の合意をして期間を延長することも可能ですが、完成猶予の期間はトータルで5年以内でなければなりません。

電磁的記録

人の知覚では認識できない方式で作られた記録で、コンピュータによる情報処理をするために作られたものである。メールやCD-ROMなどがこれにあたる。

Column

意思表示の効力発生と受領能力

　意思表示について、民法は到達主義を採用しています。たとえば、売買契約に関して買主の「買いたい」という意思表示（申込み）が売主に到達し、売主が「売りましょう」という応答の意思表示（承諾）を示し、これが買主に到達した時点で、契約が成立するということです。もっとも、この際に注意しなければならないのは、意思表示を受領する相手方に、意思表示を受領する権限または能力がない場合があり得る、という点です。

　民法は、意思表示の相手方がその意思表示を受けた時に意思能力を有しなかったとき、または、未成年者や成年被後見人であったときは、その意思表示をもってその相手方に対抗することができないと規定しています。なぜなら、到達主義は相手方がその内容を了知できるということが当然の前提とされており、到達した情報について了知できない場合には、仮に到達していても意思表示の効力を認めることは不当であると考えられたためです。もっとも、これらの場合であっても、法定代理人が知った後、または意思能力を回復し、もしくは行為能力者になった相手方が知った後であれば、意思表示の効力を主張できるとの例外が規定されています。

　また、意思表示を行う相手方の所在が不明確である場合も考えられます。民法はこのような事態を想定して、意思表示を行う者が相手方またはその所在を知ることができない場合には、「公示の方法」を用いることにより、意思表示の効力発生が認められています。つまり、裁判所の掲示板に掲載等することによって、掲載後２週間経過した後は、意思表示としての効力が発生すると規定しています。なお、原則として、実際に相手方が意思表示の存在を知り得ない事情があっても、公示により肯定された意思表示の効力は影響を受けません。

PART 2

物　権

物権と債権

物権とは排他的に物を支配できる権利をいう

■ 物権と債権

　財産権は、物権と債権に分けられます。物権は「物に対する直接の支配権」、債権は「特定の人に対して一定の行為（給付）を要求できる権利」と言われます。民法も「物権編・債権編」と明確に区分しています。

　まず、それぞれの代表的な権利をイメージしながら、その違いを以下で明らかにしておきましょう。

①　物権の絶対性と債権の相対性

　物に対する全面的な支配権である所有権は、典型的な物権です。自分の所有する物であれば、自分で使おうと人に貸そうと、誰かに売ろうと捨ててしまおうと、果ては壊してしまおうと、それは自由です。物権はすべての人に対して主張できる権利だと言われます。

　他方、「100万円を返してもらう権利」とか、「〇月×日にＡ劇場でヒット曲を歌ってもらう権利」、などというのが債権の典型です。債権は、特定の人に対してだけ要求（請求）できる権利です。100万円貸したとしても、貸した相手に約束通り「返してくれ」といえるだけで、まったくの他人に返済を求めることはもちろんできません。劇場で歌うという債権の場合も同じことで、別人が行使しても無意味です。

②　物権の直接性・排他性

　物権は、他人の行為を必要とせずに、直ちに行使することができます。これを物権の直接性といいます。債権であれば、債務者の行為がなければ、債権者は債務の履行を受けることはで

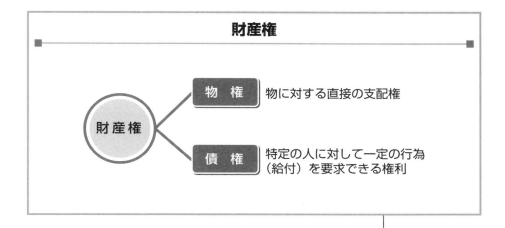

財産権

財産権 ─ **物権** 物に対する直接の支配権

     ─ **債権** 特定の人に対して一定の行為
              （給付）を要求できる権利

きません。しかし、物権であれば、物権を有する者は、他人を
介することなく直接物権を行使できるのです。

　また、同じ物の上に同一内容の物権は存在できないのが原則
です。ある物がAの所有物であり、同時にBの所有物だという
ことは原則としてありえません。ある土地について、AもBも
自分の所有物だと主張している場合には、対抗要件の有無で決
まります。これが物権の排他性です。

　他方、ある物を、Aにも貸す、Bにも貸すと約束（契約）す
ることはできます。また歌手は、同月同日の同時間に生番組に
出演する、という契約を2つのテレビ局と結ぶこともできます。
これらの場合、結果的には一方の債権者に対して債務の履行は
できなくなりますが、それは損害賠償の問題として処理されます。

③　物権の優先的効力

　同じ内容の物権と債権が同じ物の上に成立するときには、物
権が優先します（物権の優先的効力）。たとえば、物を購入し
て所有権を取得した者は、賃借人がいたとしても物の引渡しを
求めることができます（売買は賃貸借を破る）。ただし不動産
については、借地借家法などによって、借地人や借家人の保護
が図られています（賃借権の物権化、197ページ）。

対抗要件

すでに効力の生じた法
律関係あるいは権利関
係の取得・喪失・変更
を第三者に主張（対抗）
するために必要とされ
る要件のこと。不動産
は登記が（民法177
条）、動産は引渡しが
（同法178条）が対抗
要件となる。
対抗要件を備えない
と、権利を取得できな
い可能性がある。た
とえば、Aが所有してい
る不動産がBに売られ
た後に、AからCに対
しても売られた場合、
Cが先に不動産の登記
を備えてしまえば、B
は不動産の所有権を取
得できないことになる。

物権法定主義

物権の種類と内容は法律により定められている

■ 物権法定主義

　物権は、民法その他の法律に定められているもの以外は創設できません（175条）。つまり、民法は物権の種類を限定して、その内容を定型化しています。当事者間の特約によって新しい物権を作ることも、法律に定めのある物権の内容を変更することも認められません。これを物権法定主義といいます。物権はすべての人に主張できる強い権利であるだけに、物権の範囲をすべての人がわかるものに限定し、取引の安全を図ることを目的とします。また、物権は広く不動産登記簿などで公示しておく必要がありますが、物権の種類を多様に認めてしまうと、公示の方法等がいたずらに複雑化してしまうため、物権を限定する必要がありました。しかし、物権法定主義をあまりに厳格にとらえてしまうと、慣習により認められてきた権利を的確にとらえることができないという問題点があります。また、主に動産を担保にする手法として、民法が規定する担保物権ではありませんが、判例は譲渡担保を以前から認めています。

　民法上の物権は、本権と占有権に大きく分かれます。本権は所有権（物権の中心的な存在）と制限物権に分類され、さらに制限物権は用益物権と担保物権に分かれます。

　まず、この構造をよく覚えておきましょう。

① **本権**

　所有権は、物を全面的・包括的に支配できる権利です。これに対し、他の物権は、限られた範囲でしか物を支配することはできません。つまり、他人の土地を使用収益したり他人の所有

慣習法により認められてきた権利
たとえば、温泉の源泉を利用する権利（湯口権）については、民法に規定はないが、従来から慣習法上認められている。

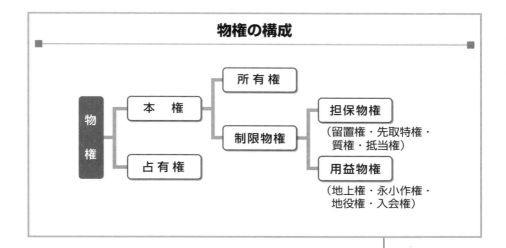

物権の構成

物権
├ 本権
│ ├ 所有権
│ └ 制限物権
│   ├ 担保物権（留置権・先取特権・質権・抵当権）
│   └ 用益物権（地上権・永小作権・地役権・入会権）
└ 占有権

物を債権の担保とする範囲で物を支配しているのです。これを制限物権と呼びます。

制限物権のうち、用益物権は、他人の物を使用することで利益をあげることのできる権利です。具体的には、地上権、永小作権、地役権、入会権がこれにあたります。担保物権は、お金を借りるために担保として差し出す場合など、物の価値を把握する物権です。留置権、先取特権、質権、抵当権がこれにあたります。

② **占有権**

民法は、自己のためにする意思をもって物を所持するときには、法律上の根拠や原因の有無を問うことなく、その事実的支配状態をそのまま法的に保護することにして、占有権の成立を認めています。つまり、どんな理由や根拠があるとしても、ある物を「自分のためにもっている」という場合には、現に所持しているということが重要で、そこに占有権がある、というわけです。

占有権は、その物を支配していることに「適法性」の推定を与えるところに、その特質があります（188条）。

占有権
落し物を拾ってネコババしようとする人や泥棒にも、所有権は認められないが、占有権はある。

所有者同士の利害関係を調整する規定
自己が所有する土地が他人の所有する土地と隣接する場合、土地を利用することで他人の土地の所有権に影響を与える場合がある。このような場合の利害関係を調整する民法の規定を相隣関係法と呼んでいる。たとえば、隣地の通行権、自然流水に対する妨害禁止、境界標の設置、囲障の設置、隣接する竹木の切除に関する規定などが挙げられる。

物権の効力

■ 物権的請求権とは

　所有者は、法令の制限内で自己の権利を自由に支配することを保障されています（206条）。ということは、他人の不当な干渉によって、この自由な支配が妨害されている場合には、その妨害を排除し、所有権の内容を完全に実現するための救済手段が与えられていなければなりません。これは民法の条文にはっきり書いていませんが、当然のこととされています。「オレの物だから、返せ。邪魔するな」と言えなければ、所有権の意味がなくなってしまうからです。

　たとえば、盗難車を現に使用している者に対しては、その自動車の所有者は車の返還を請求することができます（所有物返還請求権）。また、所有地内に勝手に資材を積み込んだ者に対しては、土地の所有者はその撤去を請求できるわけです（所有物妨害排除請求権）。所有権以外の物権についても、物権の目的物を奪われたり、その使用・収益を妨げられるなどの物権侵害（またはその危険性）が生じたときは、各々の物権に基づいた請求権が認められています。これらの請求権はまとめて物権的請求権と呼ばれています。

■ 物権的請求権の種類

　物権的請求権には、以下の3種類があります。もっとも、直接的に物権的請求権を定めた民法の条文はありません。従来から権利の性質上、当然に認められると考えられており、物権的請求権を前提とした占有の訴えが規定されているのみです。

所有権以外の物権に関する物権的請求権

物権に対する侵害の形態は、その物権の種類に応じて異なる。したがって、物権的請求権についても、物権の性質に応じて認められる場合と、認められない場合がある。たとえば、地上権や永小作権については、本文記載の所有権に関する物権的請求権と同様に考えることができる。しかし、留置権や一般の先取特権に関しては、その性質上、物権的請求権は認められない。

所有権と物権的請求権の比較

	占有を奪われた場合	権利を妨害された場合	権利を妨害されそうな場合
所有権（物権的請求権のひとつ）	所有物返還請求権	所有物妨害排除請求権	所有物妨害予防請求権
物権的請求権	物権的返還請求権	物権的妨害排除請求権	物権的妨害予防請求権

① 返還請求権

物の占有が全面的に排除された（盗まれた）場合に、物の引渡し（不動産では明渡し）を求める請求権のことです。その物を現実に奪った人ばかりではなく、事情はどうあれ、現実に「他人」の物を占有している人を相手に請求します。

たとえば、Aの所有する動産がBによって盗まれ、それをCがBから譲り受けた場合、Cに即時取得が成立していなければ、AはCに対して「返してくれ」といえるわけです。

② 妨害排除請求権

不法に占有するなどの方法で、物権侵害が生じている（邪魔されている）場合に、その妨害の排除を求める請求権です。たとえば、盛土した隣接の台地が降雨などで崩壊して、土砂が所有地内へ流出した場合に、所有者は、妨害物件であるその土砂の除去を台地の所有者に請求できるわけです。

③ 妨害予防請求権

将来、物権侵害が生ずる可能性が強い場合に、妨害の予防を請求するものです。返還請求権や妨害排除請求権とは異なり、現実に侵害が発生する前に未然に防止することを目的とします。「危ないからやめてくれ」といえるわけです。

盗品の回復

Cが即時取得の要件を満たす場合でも、動産が盗品なので、Aは盗難時から2年以内であれば、Cに対して動産の回復請求（返還請求）ができる（73ページ）。

即時取得

72ページ参照。

物権変動

■ 物権変動と公示の原則

　物権変動とは、物権の「得・喪・変更」のことです。家を新築すれば所有権の取得（得）、お金を借りるために家を担保にすれば抵当権の設定（変更）、火事で家が焼失すれば所有権の消滅（喪）というように、物権の変動には様々な原因や態様があります。その中で最も重要なものは法律行為（とくに、売買）による変動です。

　ところで、物権は排他性のある権利ですから、売買による所有者の変更などの物権変動を、世の中の一般の人々から見てきちんとわかるようにしなければなりません。このことを公示の原則といいます。民法はその役割を不動産については登記、動産については引渡しに期待しています（177条・178条）。建物の売買があったときに、新しく所有者になった買主は、表札に自分の名前を掲げるのですが、それだけでは所有者に交替があったとは、世の中の人にはわかりません。表札の人は借家人であるかもしれないからです。

　そこで、不動産の物権変動については、物権変動があることを公示する必要があり、そのための手段として登記が用意されています。他方、動産の場合は、その物を実際に「もっている」ということが、何よりもその人が所有者であるということの公示になると民法は考えています。

　なお、物権変動を公示しておくことで、公示した物権を持つことを第三者に対して主張することができます。このように、公示しないと当該物権について他者に主張することができない

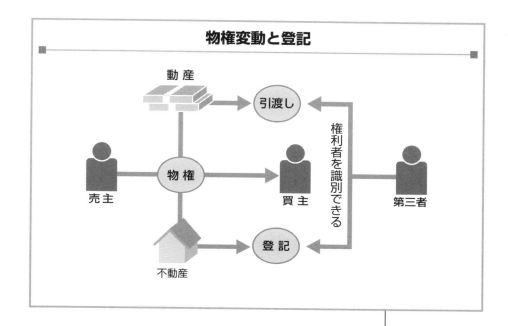

物権変動と登記

- 動産
- 引渡し
- 売主
- 物権
- 買主
- 第三者
- 権利者を識別できる
- 登記
- 不動産

という考え方を、対抗要件主義といいます。したがって、たとえばある不動産について所有権の登記をしておくことで、仮にその不動産が同時に第三者にも譲渡されていたというような場合であっても、その第三者に対して自己がその不動産の所有者であると主張することができます。

■ 民法と不動産登記法

　不動産に関する登記について規定しているのが不動産登記法です。民法によって原則が示された登記について、その具体的なしくみを定めた法律です。したがって、民法の知識がなければ不動産登記法をきちんと理解することはできません。このような民法と不動産登記法の関係は、一般法と特別法の関係といえます。また、登記の内容は民法で、その内容を受けて登記の手続は不動産登記法で、という関係にもありますから、両者は実体法と手続法の関係にもあるといえます。

中間省略登記

たとえばA、B、Cという順番で土地の所有権が順次移転した場合に、中間者Bが登記を経ず、直接AからCに所有権が移転したという登記が行われる場合がある。これを中間省略登記という。登録免許税やその他の経費を節約する目的で行われることが多いが、一定の契約形態でなければ認められない。

不動産の二重譲渡

■ 物権法のハイライト

　たとえばAが自己所有の不動産をBに売り、代金の支払も済んで、所有権が移転したものの、不動産の登記はまだAのところにある、というケースで考えてみましょう。Aは、その後、同一の不動産をCに売って、Cにも所有権を取得させ、さらにCに登記を移転してしまいました。

　民法によると、BはCより先に所有権を取得していますが、未登記であるために、自己の所有権取得をCに向かって主張（対抗）できません。主張できないといっても、もちろんBは「オレのものだ」と言うことはできます。ただ、BがCを被告として自分が所有権をもっていることを確認してくれ、と裁判所に訴えてもBは負けるということなのです。

　これに対してCは、Bより後に不動産の所有権を取得したのに、先に移転登記を済ませたので、Bに対して所有権取得を対抗することができ、Cが最終的に不動産の所有者となります。仮に、Cの代金支払が済んでないとしてもです。

　では、B・C双方ともに未登記ならどうでしょうか。この場合には、お互いに対抗できない状態が続くだけです。

　このように同一不動産が一方でBへ、他方でCへ売られた場合に（二重譲渡、二重売買）、B・Cのいずれが所有者となるかは、B・Cのいずれが先に対抗要件（登記）を備えるかによって決まるというのが、対抗問題と呼ばれるものです。

　ところで、AはCより先にBに所有権を移転しているはずです。では、どうしてさらにCに売ることができるのでしょうか。

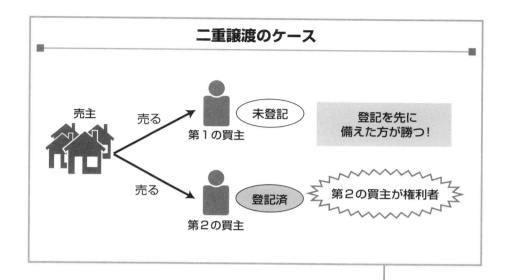

二重譲渡のケース

売主 — 売る → 第1の買主　未登記

登記を先に備えた方が勝つ！

売主 — 売る → 第2の買主　登記済

第2の買主が権利者

物権は物を直接排他的に支配する権利です。排他性ということは、ある物に対する同一の物権は両立しないということですから、そもそも二重譲渡などということは不可能のようにも思えます。しかし、所有権者からある人に物権が譲渡されて、まだ登記などの対抗要件を備えていない場合、それだけでは物権の所在の公示がなされておらず、取引の安全にとって重大な支障が生じることは否定できません。

ただ、その一方で、物権は当事者間の意思表示によって変動するものです。そこで、登記がなされていない状態では、まだ物権の移転は不確定的にしか生じておらず、登記などを備えてはじめて確定的に物権が移転すると考えることになります。

このように考えれば、最初の譲渡がなされても登記が移転していなければ、物権は不確定的にしか移転しておらず、売主にも不確定的な形で物権が残っているものと解釈できるので、2番目の譲渡もすることができるのです。これだけでは2番目の譲渡自体も不確定的なものにすぎませんが、登記を備えることでこちらが確定的なものとなって、先の譲渡に優先します。

仮登記

不動産登記手続きに必要な書類がそろわないときやその他、権利を保全しておく必要がある場合に、将来行われる本登記のために、順位を保全しておく目的で行われる登記を、仮登記という。そして、実際に本登記が行われると、仮登記の順位が本登記の順位になる。本文記載の不動産物権変動の対抗問題において、仮登記の制度が重要な役割を担っている。

物権変動における「第三者」

ただ二重譲渡であることを知っているだけなら第三者から除外されない

■ 物権変動における第三者とは？

　民法は、登記がないと不動産の物権変動を「第三者」に対抗できないとしています（177条）。177条を見ると、そこには「善意の」第三者というように、他の似たような条文（たとえば94条2項など）とは異なり、第三者の範囲を限定するような文言がありません。そこで、当事者以外のすべての者に対して、物権変動を主張するには登記が必要なのかということが問題となります。あらゆる場面において登記の有無で不動産の物権変動の問題に決着をつけようとすると、不都合な結果が生じる場合があるからです。

　判例によると、177条にいう「第三者」とは、当事者およびその包括承継人（相続人など）以外で、登記のないこと（不存在・欠缺）を主張する正当な利益をもつ者を意味すると解釈して、第三者の範囲に一定の制限を設けています。たとえば、不動産の不法占拠者は、登記の不存在を主張する正当な利益がないので、不法占拠者に対して不動産の権利を対抗するには登記が不要です（不法占拠者は第三者にあたらないと解釈します）。

■ 背信的悪意者排除論

　物権変動を第三者に対抗することを望むのであれば、登記をしておくべきなのが原則です。177条の「第三者」は善意（二重売買の事実を知らないこと）が要件とされていませんので、悪意（二重売買の事実を知っていること）の第三者に対して物権変動を主張するときも、登記が必要であると考えられます。

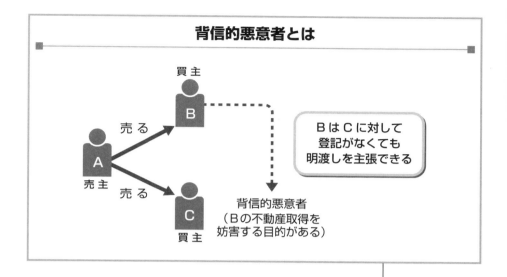

背信的悪意者とは

買主
B

売主 **A** → 売る → 買主 **B**

売主 **A** → 売る → 買主 **C**

背信的悪意者
（Bの不動産取得を
妨害する目的がある）

> BはCに対して
> 登記がなくても
> 明渡しを主張できる

ただし、不動産登記法では、詐欺または強迫によって登記の申請を妨げる者と、司法書士や法定代理人のように他人のため登記を申請する義務がある者は、登記の不存在を主張することができないと定めていますので、これらの者に対しては登記がなくても不動産の権利を対抗できます。

では、これ以外の場合には、悪意者に対しても登記がないと不動産の権利を対抗できないのでしょうか。

物権変動の事実を知っている第三者が、登記の不存在を理由にその物権変動を否定できると解釈するのは信義則に反する場合があります。そもそも、登記なくして物権変動を第三者に対抗できないとしたのは、自由競争の下で取引の安全を図るためです。上図のCのように、Bによる不動産の取得を妨害する目的でAと取引をするなど、自由競争の範囲を超えた行為をした者（これを「背信的悪意者」といいます）については、取引の安全を図る必要がないと考えられます。そこで、Cのような背信的悪意者（信義に反する悪意者）に対しては、登記がなくても不動産の権利を対抗できると解釈するのが判例の立場です。

**背信的悪意者
からの転得者**

本文記載の背信的悪意者にあたる者から不動産の譲渡を受けた転得者がいた場合、さらに法律関係は複雑になる。背信的悪意者からの譲渡を無効な譲渡だと考えると、転得者は無権利者からの譲受人になるため、対抗問題にならないといえる。しかし、判例は取引の安全に配慮して、転得者自身が第1譲受人（上図のB）との関係で背信的悪意者にあたらなければ、登記を備えることで、第1譲受人に対して不動産の所有権を主張することが許されると考えている。

動産の物権変動

動産に関しては占有が物権変動を公示する方法になる

■ 動産の物権変動とは

　動産の物権変動については、登記ではなく、引渡しが対抗要件と定められています（178条）。占有の移転（引渡し）が対抗要件とされているのは、動産の占有者が動産の所有権者であるのが一般的だといえるからです。また、動産に関しては占有の移転があったときに、それに伴う正当な物権の移動があったと考える場合があります。これを公信の原則といいます。不動産に関しては、公信の原則は認められないので、物権変動が不動産登記に反映されても、そこに記載されている物権変動があったことまでは保証されません。しかし、動産に関しては取引量も多く迅速に取引関係を処理するために、占有について公信の原則を認めています。つまり、本来は無権利者から動産を譲り受けても、正当な権利者になることはできないはずですが、譲渡人が正当な権利者であると譲受人が信頼するのが相当といえる場合（善意・無過失）には、譲受人が正当な権利者になることが可能になります（即時取得）。

■ 引渡しの方法

　占有を人から人へ移転させる引渡しの方法は、民法が定める次の４つです。これらは動産の物権変動を考える際に重要です。動産の物権変動の対抗要件は引渡しだからです（178 条）。

① 現実の引渡し（182条１項）

　物を譲渡人の支配圏から譲受人の支配圏に物理的に移転させることです。つまり、物を実際に移動させる場合です。

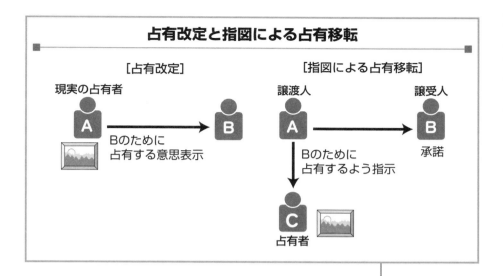

占有改定と指図による占有移転

[占有改定]

現実の占有者
A
Bのために
占有する意思表示
B

[指図による占有移転]

譲渡人
A
譲受人
B
承諾

Bのために
占有するよう指示

C
占有者

② **簡易の引渡し（182条2項）**

　すでに貸してある物を売り渡す場合のように、目的物が譲受人の手元にある場合に、「譲受人に売ります」と意思表示をするだけで引渡しがあったものとします。譲渡人が一度取り戻して、あらためて現実の引渡しをする手間を省きます。

③ **占有改定（183条）**

　現実に占有している者が、引渡しをしようとする相手方に対して、以後はその者のために占有することを表示した場合に、相手方への引渡しがあったとするものです。

④ **指図による占有移転（184条）**

　たとえば、物の現実の占有がCのもとにある場合に、Cに占有させていたAが、Cに対して以後は（引渡しをしようとする）Bのために占有するように指示し、引渡しを受けるBがこれを承諾した時に、これをもって占有の移転があったとするものです。直接に占有しているCの承諾は不要です。

**引渡しがなくても
対抗できる場合**

動産であっても船舶・自動車・航空機などについては、特別法によって引渡しが対抗要件となっておらず、登記・登録が対抗要件となる。また、法人が行う動産の譲渡については、動産譲渡登記を利用することにより当該動産について引渡しがあったものとみなされ、対抗要件が具備されることになる。

即時取得

■ 即時取得とは何か

　動産の取引において、権利者でない者を権利者だと誤信して、その者と取引をした場合、果たして動産の権利を取得できるのでしょうか。できないとすれば、動産の取引がとても不安定なものになってしまいます。動産の取引は日常頻繁に行われますし、譲渡人（売主）の占有を信頼して取引をしても、売主に所有権があることを完全に裏付けるものはありません。

　そこで動産の取引においては、占有を信頼して取引をした者は、譲渡人の権利の有無とは関係なく、権利を取得するとされています（192条）。これが動産の即時取得（善意取得）の制度です。

　即時取得の制度は、公信の原則に基づくものと言われています。実際には権利が存在しないのに、権利が存在すると思われるような外形（公示）がある場合に、その外形を信頼し、権利があると信じて取引をした者を保護するために、その者に権利が存在するとみなすという原則を公信の原則といいます。

　公信の原則は、動産取引の安全を確保するためのものですが、その反面、真の権利者を犠牲にするものでもあります。

■ 即時取得の要件

　①目的物は動産に限られ、②それが取引による取得であることが必要です。また、③譲渡人に処分権限がないことも必要です。処分権限があれば、譲受人は正当に取得するため、即時取得は問題になりません。ただ、譲渡人が制限行為能力者である

**占有改定と
即時取得**

即時取得の要件である「占有」に占有改定は含まず、占有改定による即時取得は成立しないとするのが判例である。即時取得は占有状態に変更がある場合に、それを信頼した者を保護する制度であるが、占有改定は外部からは占有状態の変更が見られないからである。

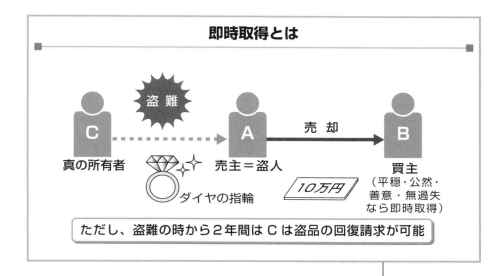

即時取得とは

盗難

C
真の所有者

A
売主＝盗人

売却

B
買主
（平穏・公然・
善意・無過失
なら即時取得）

ダイヤの指輪

10万円

ただし、盗難の時から２年間はＣは盗品の回復請求が可能

場合や無権代理人である場合には適用されません。こうした場合にも即時取得を認めると、制限行為能力者制度や無権代理制度が無意味になるからです。同じ理由で、譲渡人が錯誤・詐欺・強迫を主張できる場合にも即時取得は成立しません。

　さらに、④譲受人が平穏・公然に動産の占有を開始し、動産の取得時に譲渡人の無権利について知らず、知らないことに落ち度がないこと（善意・無過失）が必要です。

■ 盗品・遺失物に対する例外

　盗品や遺失物のように、真の権利者の意思によらずに占有を離れた動産の場合には、即時取得を認めることには問題があるでしょう。そこで民法は、目的物である動産が盗品や遺失物の場合には、占有者（譲受人）が即時取得の要件を満たしても、被害者または遺失者は、盗難または遺失のときから２年間は、占有者に対して無償で回復請求ができるとしています（193条）。

**公の市場で
買い受けた場合**

占有者が、競売や公の市場（オークションなど）で、盗品や遺失物を善意で買い受けていた場合、被害者や遺失者は、占有者が支払った代価を弁償しないと、盗品や遺失物の回復ができないとの例外がある（194条）。

占有訴権

物の占有を保護するために３種類の権利を認めている

■ 占有訴権

　民法は、占有者が占有を妨害され、または妨害されるおそれ
がある場合に、妨害者に対して妨害の排除を請求する権利を占
有者に与えています。これを占有訴権（占有の訴え）といいま
す。占有権は、物を排他的に支配する権利ではありませんが、
民法は、物を保持しているという事実状態に対する保護を与え
る手段として、占有者に対して、占有訴権を認めています。

　占有訴権が認められる根拠としては、簡易迅速な社会秩序の
維持が挙げられます。占有権と比べて所有権などの本権の証明
が困難な場合もあり、事実状態としての占有を保持する手段を
確保することで、容易に社会秩序を保つことができるからです。
たとえば、動産の所有者が、動産を盗んだ者から奪い返すとい
う実力行使を認めると、たとえ盗まれた物であったとしても、
社会秩序の混乱をもたらします。そこで、動産を盗んだ者で
あっても占有者として占有訴権を認めて保護し、一般的に法が
禁止する自力救済を防いでいます。

　多数説は、占有訴権を物権的請求権の一種であると説明して
います。物権的請求権と同じように、以下の３種類の占有訴権
が認められています。

① 占有保持の訴え（198条）

　占有者が占有を妨害されたときは、その妨害の停止および損
害の賠償を請求することができます。

② 占有保全の訴え（199条）

　占有者がその占有を妨害されるおそれがあるときは、その妨

本権とは

占有できる基礎となる
権利のこと。

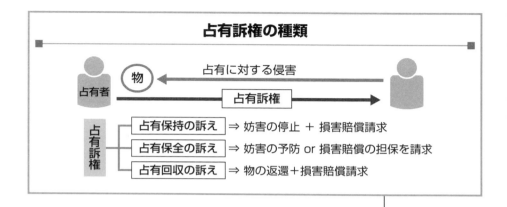

占有訴権の種類

占有者　物　← 占有に対する侵害

占有訴権 →

占有訴権
- 占有保持の訴え ⇒ 妨害の停止 ＋ 損害賠償請求
- 占有保全の訴え ⇒ 妨害の予防 or 損害賠償の担保を請求
- 占有回収の訴え ⇒ 物の返還＋損害賠償請求

害の予防または損害賠償の担保を請求することができます。損害賠償の担保というのは、将来妨害が発生し、損害賠償義務を生ずる場合のために、あらかじめ提供させるもので、金銭を供託させるとか、保証人を立てるなどの場合があります。

③　**占有回収の訴え（200条1項）**

　占有者がその占有を侵奪されたときは、その物の返還および損害賠償を請求することができます。「侵奪された」というのは、盗難のように占有者の意思に基づくことなく占有を奪われた場合を意味し、詐取された場合は含みません。占有回収の訴えを提起できるのは、占有を奪われた時から1年以内です。

■ 占有訴権と本権の訴え

　占有を基礎とする占有訴権に対して、所有権・地上権・質権などの本権に基づく訴えを本権の訴えといいます。所有者が自己の占有物を奪われた場合には、本権の訴えである所有権に基づく返還請求と、占有訴権である占有回収の訴えとの2種類の訴えが成り立ちます。これら2つの訴えは、同時に提起しても、別々に提起してもよく、一方で負けても他方を提起することができます（202条1項）。

担保

■ お金の貸し借りと担保物権

お金を貸した人を債権者、借りた人を債務者と呼びます。債権者の「貸したお金を返してくれ」という権利を債権、借りたお金（債務）を返すことを弁済と呼びます。また、担保の対象となった債権を被担保債権といいます。

債権の回収を確実にするには担保をとります。担保は、人的担保と物的担保に分類できます。人的担保は保証人など債務者以外の他人の財産をあてにすることですが、これについては後述します。ここでは物的担保について説明します。

物的担保とは、債務者または第三者に属する財産をあてにすることです。物的担保をとった債権者は、他の債権者に優先して権利を行使することが認められます。民法では、留置権・先取特権・質権・抵当権の4種類の担保物権を定めています。

■ 債権者平等の原則

**担保がないと
どうなる**

債務者が破産したり、強制執行を受けるときには、債権者平等の原則が働くために、すべての債権者は債権額に応じた按分比例によって、債務者の一般財産から弁済を受けられるにすぎない。

もし、担保がなかったら、債権者は不確実・不安定な立場に置かれます。たとえば債務者が、多数の債権者から債務を負っている場合（多重債務者である場合）には、債務の総額が資力を大きく上回ると、担保を持たない一般債権者は、自己の債権の弁済を十分に受けられません。しかし、たとえば抵当権者は、債務者が破産等の状態に陥ったときには、債務者の不動産に設定していた抵当権を実行することにより、他の一般債権者に優先して、自己の債権の弁済を受けることができます。また、抵当権等は設定後も債務者等が抵当不動産の占有を失うことはな

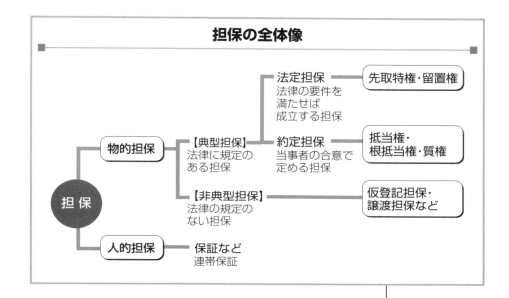

担保の全体像

- 担保
  - 物的担保
    - 【典型担保】
      法律に規定の
      ある担保
      - 法定担保
        法律の要件を
        満たせば
        成立する担保
        - 先取特権・留置権
      - 約定担保
        当事者の合意で
        定める担保
        - 抵当権・
          根抵当権・質権
    - 【非典型担保】
      法律の規定の
      ない担保
      - 仮登記担保・
        譲渡担保など
  - 人的担保
    - 保証など
      連帯保証

く、債務者等にとってもメリットがあるため、一般的に金銭の
融資の場面等では、保証人等の人的担保と同様に、債権者から
抵当権等の設定を求められる場合が多いといえます。

■ 担保物権の種類

担保物権は、金融のための手段としてだけではなく、広く債
権担保のために利用されます。また、質権・抵当権・根抵当権
のように、当事者間の設定行為（担保設定契約）によって生じ
る担保物権を約定担保物権といいます。他方、留置権や先取特
権のように、法律が定める要件を満たすことで当然に生じる担
保物権を法定担保物権といいます。

なお、民法が規定する担保物権を典型担保と呼ぶのに対して、
判例や慣習法に基づいて認められる担保物権を非典型担保とい
います。非典型担保には、譲渡担保、所有権留保、仮登記担保
などがあります。仮登記担保については仮登記担保法の規制が
あります。

非典型担保の設定

非典型担保は、当事者
の合意に基づき、権利
の移転等の形式を用い
て債権を担保するなど
の方法で設定される
（90ページ）。

担保物権の性質

■ 担保物権に共通する性質

　担保物権は、物権としての一般的性質の他に、次のような性質をもっています。

① 附従性

　「債権のないところに担保物権はない」という性質のことです。つまり、担保物権は債権を担保するためのものですから、債権があって初めて存在し、債権が弁済などによって消滅すれば担保物権も消滅するのです。

② 随伴性

　債権が譲渡され、他人が債権者となれば、担保物権もそれに伴ってその他人に移転します。担保物権が債権を担保するためのものだからです。たとえば、抵当権によって担保されている債権（被担保債権）が譲渡されると、被担保債権の譲渡に伴って抵当権も譲受人に移転することになります。

③ 不可分性

　担保物権は、債権全部の弁済を受けるまで目的物全部の上に効力を及ぼします。たとえば100万円の債権を担保するために宝石が質入れされていたとして、40万円を一部弁済したからといって質権は一部消滅するわけではありません。質権は60万円の残債務を担保することになります。

④ 物上代位性

　担保物権は、目的物に代わる物・金銭にも及びます。たとえば抵当権のついた家屋に火災保険がついていた場合、その家屋が焼失すると、抵当権者は、保険金請求権から優先弁済を受け

担保物権の性質

	留置権	先取特権	質　権	抵当権	根抵当権
附従性	○	○	○	○	×
随伴性	○	○	○	○	×（確定前）
不可分性	○	○	○	○	○
物上代位性	×	○	○	○	○

ることができます。

■ 担保物権の効力

担保物権には、以下のような効力が認められます。

① 優先弁済的効力

債権の弁済が得られないとき、担保権者（債権者）は目的物を換金した上で、他の債権者に先立って弁済を受けることができます。これを優先弁済的効力といいます。物の交換価値を債権者が把握する効力だともいえます。

② 留置的効力

目的物を債権者の手もとにとどめ置き、債務者に心理的圧迫を加えることによって、債務の弁済を促す効力です。物の使用価値を債権者がとりあげるともいえます。

③ 収益的効力

債権者が担保目的物を自ら収益（賃貸や運用などをすること）し、それによって獲得した収益によって、優先弁済を受けることができる場合があります。不動産質権には収益的効力がありますが（356条以下）、留置権や動産質権でも債務者が承認すれば認められます（298条2項、350条）。

> **優先弁済的効力**
> 先取特権・質権・抵当権について認められる効力。

> **留置的効力**
> 留置権と質権について認められる効力。

留置権と先取特権

法律の規定により当然に発生する法定担保物権

■ 留置権はどんな権利？

　留置権は法定担保物権です。他人の物（目的物）の占有者が、目的物に関して生じた債権（被担保債権）があるときは当然に発生し、被担保債権の弁済があるまで目的物を留置しておくことができる権利です（295条）。抵当権等とは異なり、目的物の占有が留置権者に移っているのが特徴です。留置権を行使するには、その目的物を留置権者が占有し続けなければならず、占有を失うと留置権が消滅するという点に注意が必要です。たとえば時計を修理したときの修理代金や、商品の売買代金が未払いのときに、時計や商品は渡しませんと言って、時計や商品を留置することにより、間接的に支払いを強制するわけです。

　留置権の特徴は、留置権で担保される債権（被担保債権）が、留置される物に関して生じたものでなければならないという点にあります（牽連関係）。たとえば時計の修理代金は、まさに時計に関する修理契約に基づき生じた債権だといえます。

　なお、留置権と同じような効力がある権利として同時履行の抗弁権（533条）があります。後ほど触れますが、同時履行の抗弁権とは、売買契約のように当事者相互が債権債務を負担し合う契約（双務契約）から発生する契約法上の権利です。

　他方、留置権は物から発生する物権です。どちらも「お金を支払うまで物を返さない」と主張できますが、留置権は誰に対しても主張できるのに対して、同時履行の抗弁権は契約の相手方にだけしか主張できません。

留置権の不可分性

留置権者は、債権の全部の弁済を受けるまでは、留置物の全部についてその権利を行使できる（不可分性）。

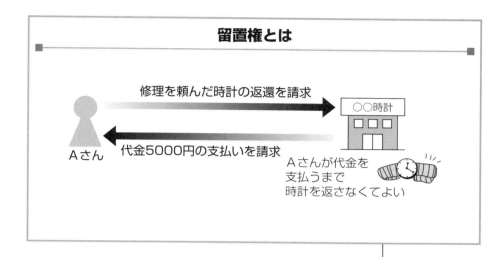

留置権とは

修理を頼んだ時計の返還を請求

○○時計

Aさん

代金5000円の支払いを請求

Aさんが代金を
支払うまで
時計を返さなくてよい

■ 先取特権とは

　先取特権は、法律に定めた一定の債権を担保するために認められる法定担保物権です（303条）。担保の目的物に応じて、一般先取特権、動産先取特権、不動産先取特権という３種類の先取特権が規定されています。

　たとえば、不幸にしてある会社が倒産したとしましょう。会社の従業員は、会社に対して賃金債権をもっています。会社に対しては、従業員の他に銀行や取引先など、いろいろな債権者がいるわけですが、このとき、「債権者平等の原則」によって処理したらどうなるのでしょうか。会社に対する債権は普通、銀行や取引先の債権の方が、従業員の賃金債権よりもはるかに多額です。そうすると、従業員の元にはごくわずかの金額しか支払われないことになります。それでは従業員が生活していけなくなるため、民法は雇用関係によって生じた債権について一般先取特権を与え、他の一般債権に対する優先権を認めています。

　先取特権については、基本的に、第三者に先取特権を主張するための要件（対抗要件）として、登記等を備える必要がないという利点があります。

一般先取特権の種類

①共益の費用、②雇用関係、③葬式の費用、④日用品の供給によって生じた債権を有する者が、債務者の総財産に対して有するのが一般先取特権である。

質権

. . . .

預った物から優先的に債権を回収することができる権利

■ 質権とは何か

　街で「○×質店」という看板を見かけることも、最近は少なくなってきました。質権とは約定担保物権で、質権設定契約という当事者間の契約で設定する担保物権です。借りたお金を期限内に返済すれば、質権者（質屋）に預けた物（質物）は戻ってきますが、借りたお金を返済できないときは、質権者は質物を競売などにより、他の債権者に優先して返済に充てることができます（優先弁済的効力）。

　また、質権を設定する際は、持参した物を質権者に引き渡さなければなりません（344、345条）。抵当権等とは異なり、融資目的で事業運営に不可欠な建物などに担保を設定して、自らそれを利用しながら債務を返済するという形態をとることはできないのです。質権者は品物を預かって間接的に履行を促し（留置的効力）、返済がない場合には競売などにより返済に充てます。不動産については抵当権があるので、質権は主に動産や債権について利用されます。

■ 質権の種類

　質権には動産質、不動産質、権利質の3種類があります。

① 動産質

　動産を担保目的物とする質権です。たとえば、ダイヤの指輪やブランド品などが質物となります。なお、質流れは原則禁止され、質屋や商取引において例外的に認められます。百貨店などで見かける質流れ品は、質屋が自分の物とした質物を売却す

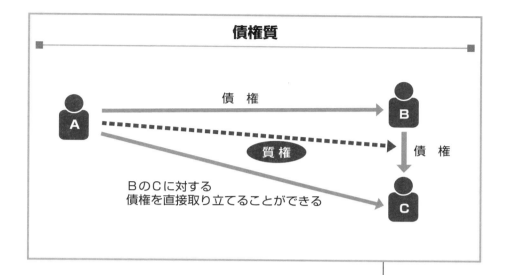

債権質

債　権

質　権

債　権

BのCに対する
債権を直接取り立てることができる

るものです。

② **不動産質**

　不動産を担保目的物とする質権です。不動産質権を設定する
際も引渡しが必要ですが、対抗要件として登記も必要です。質
権者が目的物を使用収益できる（収益的効力）ことが特長です
が、今日では重要性を失っています。不動産の担保化手段は抵
当権の設定が圧倒的に多いといえます。債権者は金融機関であ
ることが多く、金融機関は担保に取った不動産を自ら占有し、
使用収益するのはかえって煩雑であると考えている一方で、債
務者としてもその不動産を占有し続けたい（住居または事業用
店舗として使用し続けたい）と考えるのが通常だからです。

③ **権利質**

　財産権（債権、株式、知的財産権など）を担保目的とする質
権です。たとえば、銀行に対して100万円の定期預金債権を
もっているとすると、この債権に質権を設定して90万円まで借
りることができる「総合口座」というサービスがあります。こ
れは定期預金債権が質権の目的となっています。

質流れ

被担保債権が弁済され
ない時に質物を自分の
物とすること。

**債権質の質権者
による直接取立て**

権利質のうち債権を目
的とする質権を債権質
という。上図のAのよ
うに債権質の質権者
は、質権の目的である
債権を自ら直接取り立
てることができる。

抵当権

債務者が物の占有を失うことなく設定できる担保物権

■ 抵当権とは何か

抵当権の設定方法

抵当権を設定するためには、自己の不動産について抵当権を設定しようとする者（債務者または第三者）と、債権者との間で抵当権設定契約を締結する必要がある。対抗要件については、本文記載のように、抵当権に関する登記が必要であるが、抵当権設定契約は諾成契約であり、要式についても制限はない。

　抵当権は、質権と同じように、貸金債権の担保として設定されることが多くあります。貸金が返済されない場合、債権者は被担保債権（原則として貸金の元本＋２年分の利息です）を限度として、抵当不動産に対してその権利を行使できます。不動産を担保目的物とする点は不動産質と似ていますが、抵当権は担保目的物の占有を抵当権者（債権者）に移転する必要はなく、抵当権設定者の手元にとどめておくことができるのです（369条）。

　たとえば、自宅を抵当に入れた場合は、そのまま住み続けることができますが、不動産質権を設定した場合は、別に住む場所を探さなければなりません。ここに抵当権の大きな特色と債務者のメリットがあります。

　抵当権は占有の移転を必要とせず、抵当権設定者に目的物の使用収益権があります。つまり、抵当権の目的物に対する利用・管理に関する権限は、抵当権設定者に残されています。抵当権設定者が目的物を使用収益して利益をあげることで、自己の債務の返済が容易になるという経済的利点があるのです。ただし、通常の用法に従った利用からあまりにもかけ離れた場合は、抵当権侵害となる可能性があります。

　他方、抵当権者は、目的物そのものが欲しいわけではなく、債権が回収できれば十分なのですから、目的物の占有まで設定者から奪う必要はありません。むしろ目的物は設定者の手元にとどめておいて利用させ、収益をあげさせた方が効果的だということになります。

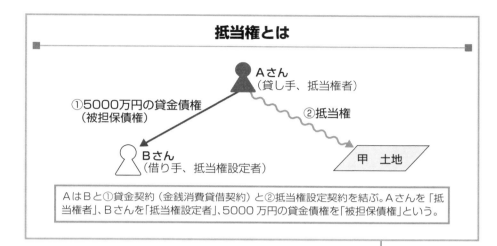

抵当権とは

Aさん
（貸し手、抵当権者）

①5000万円の貸金債権
（被担保債権）

②抵当権

Bさん
（借り手、抵当権設定者）

甲 土地

AはBと①貸金契約（金銭消費貸借契約）と②抵当権設定契約を結ぶ。Aさんを「抵当権者」、Bさんを「抵当権設定者」、5000万円の貸金債権を「被担保債権」という。

なお、抵当権の設定等は、不動産に関する物権変動であり、第三者に対抗（主張）するためには、登記（抵当権設定登記）によって公示することが必要です。

■ 抵当権の順位

たとえば、A所有不動産の価値が5000万円あるとして、Bから1000万円の借金をして抵当権（1番抵当権）を設定したとしましょう。このとき、Bが抵当権で把握しているのは5000万円のうち1000万円分だけです。まだ4000万円分は価値が残っているわけです。そして、さらにCから800万円の借金をする際に、2番抵当権の設定を受けると、Cは800万円を抵当権で把握できます。このように抵当権は「1番、2番、3番……」と、いくらでも設定ができます。この順番を抵当権の順位といいます。

そして、債務の返済ができずに、抵当不動産が売却された場合には、まず1番抵当権者が弁済を受けます。その上で、まだお金が残っていれば2番抵当権者が、さらに同様に、3番抵当権者といくわけです。ただ、順位が下がれば下がるほど、その債権を回収するのは難しくなっていきます。

抵当権の効力

抵当権の重要な効力として、物上代位性が挙げられる。物上代位とは、抵当権の目的物が売却されたり、賃貸借の目的物とされた場合に、それにより抵当権設定者が受け取る金銭等に対しても、抵当権を行使することができる効力をいう。もっとも、物上代位権を行使するためには、抵当権設定者に払い渡される前に、抵当権者が売買代金債権や、賃料債権等について差押えを行う必要がある。

抵当権と用益権との関係

法定地上権が認められる場合がある

■ 抵当権と用益権

　抵当権は、目的物の交換価値を把握するだけで、その設定自体によって目的物の利用が妨げられたりすることはありません。しかし、ひとたび抵当権が実行され、目的物が競売されると、利用関係は大いに影響を受けます。たとえば、抵当権の実行により、建物を競売にかけたとします。建物を競売で落札した買受人が代金を納付すると、建物の所有権は買受人に移転します。抵当権設定者は、買受人に建物を明け渡さなければなりません。

　また、抵当権設定者が建物を第三者に賃貸していた場合、抵当権の設定登記よりも、賃借権の登記または賃借人への不動産の引渡しが先であった場合は、賃借人は引き続き建物を賃借して使用を続けることができます。他方、抵当権の設定登記の方が先であった場合は、買受人は賃借人に対して退去を求めることができます。ただし、即座に退去しなければならないのは酷なので、買受人に対する明渡しは6か月間猶予されます（明渡猶予期間、395条）。

■ 法定地上権とは

　土地とその土地の上にある建物とが同一人の所有である場合に、抵当権が実行され、土地と建物の所有者が別々になったときは、建物の所有者に対し土地の利用権が認められます。これを法定地上権といいます（388条）。

　たとえば、土地と建物を所有していたＡが、建物について、債権者Ｂのために抵当権を設定したとします。その抵当権が実

法定地上権とは

① Aは土地とその上の建物を所有
② Bのために建物に抵当権を設定
③ Bが抵当権を実行
④ Cが建物を競落・買受け

A所有　競落・買受け　C所有

法定地上権が発生

A所有　A所有

行され、第三者Cが建物を競落した場合には、CはA所有の土地について法定地上権を取得します。

　土地と建物の所有者が同じ場合は、自分の土地の上に自分のための利用権（自己借地権）を設定することを、民法が認めていないために、抵当権設定当時にあらかじめ、将来土地と建物の所有者が異なる場合に備えて利用権を設定しておくことができません。そのため、建物を競落した上記のCに法定地上権を認めてあげないと、土地を利用する権利がないので、せっかく競落した建物を収去して土地を明け渡さなくてはならなくなります。それでは、Cにとって不都合であり、社会的にみても経済的ではないので、法定地上権が必要なのです。

　法定地上権が成立する条件は、①土地の上に建物があったこと、②土地と建物が同一人の所有であったこと、③競売により土地と建物の所有者が別々になったことです。

　上記の事例とは異なり、土地に抵当権が設定され、抵当権が実行されて、第三者Cが土地を競落した場合、C所有の土地の上にA所有の建物が建っている状態となります。この場合も、Aに法定地上権が認められます。

　さらに、土地と建物の両方に抵当権が設定され、土地をC、建物をDが競落した場合、Dに法定地上権が認められます。

特約で排除できない

法定地上権の成立は、抵当権設定者と抵当権者との間の特約によっても排除できない。

根抵当権

継続的な取引の債権を一括して担保できる

■ 根抵当権について

　根抵当権とは、一定の範囲にある不特定の債権を「極度額」（当事者が定めた限度額）まで担保する形式の抵当権です。通常の抵当権は、被担保債権が個別に特定されており、その債権を担保するために設定され、その債権が弁済などで消滅すれば抵当権も消滅します（附従性）。これに対し、根抵当権は、一定の範囲に属する債権であれば、個々の債権を特定することなく、複数の債権を極度額に至るまで担保することができます。

　さらに、通常の抵当権と異なり、被担保債権の金額がゼロになっても根抵当権は消滅しません。つまり、根抵当権は極度額という「枠」を設定して、その枠内であれば、被担保債権が増減したり入れ換わったりすることのできる権利です。根抵当権は、債務者との間で継続的な取引をしている債権者が、債務者に対する債権を一括して担保するのに有益な制度です。

■ 根抵当権を設定する

　根抵当権は「一切の債権を担保する」などの包括的な定めはできず、取引の種類などによって範囲を特定する必要があります（包括根抵当の禁止）。被担保債権の範囲は根抵当権設定登記の登記事項になります。また、根抵当権は、債務者の不動産に一定の担保「枠」を設定するものですから、その金額（極度額）も根抵当権の設定に際して決めなければならず、極度額も根抵当権設定登記の内容となります。

　根抵当権は特定の債権のみを担保するものではありませんが、

**根抵当権の
設定の例**

たとえば、Ａ社とＢ社が継続的に取引をしており、Ａ社がＢ社に対して常に売掛金債権をもっているとする。売掛金債権は順次弁済により消滅し、また新たに発生するものであるため、根抵当権の被担保債権の範囲（債権の範囲）を「平成○年○月○日商取引契約」というように決定し、その契約から生じる債権を被担保債権とする旨を根抵当権設定登記の内容とする。

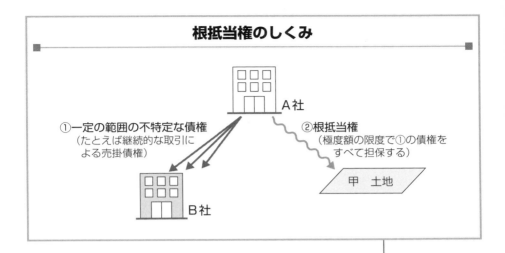

根抵当権のしくみ

A社

①一定の範囲の不特定な債権
（たとえば継続的な取引に
よる売掛債権）

②根抵当権
（極度額の限度で①の債権を
すべて担保する）

甲　土地

B社

被担保債権の範囲と極度額によって、担保の範囲が確定し、根抵当権の内容を示すものとして登記によって公示されるのです。

　なお、被担保債権を特定するためには債務者の特定も必要となることから、「債務者」も登記事項とされています。

■ 元本を確定する

　根抵当権は元本の他、利息および遅延損害金をすべて極度額に至るまで担保します。元本は一定の事由があると確定します。元本が確定すると、その額の債権を被担保債権とする通常の抵当権とほぼ同様に扱われます。

　なお、元本確定期日を定めていない場合に限り、根抵当権者や根抵当権設定者が「元本確定請求」をしたときに、根抵当権の元本が確定します。根抵当権者は、いつでも元本確定請求をすることができます（請求時に元本が確定します）。他方、根抵当権設定者は、根抵当権を設定した日から３年を過ぎたときに、元本確定の請求をすることができ、請求時から２週間経過すると元本が確定します。

元本の確定

たとえば、極度額の定めが6000万円の根抵当権について元本が5500万円と確定されたのであれば、その後は5500万円の債権を担保する通常の抵当権とほぼ同じように考えればよい。元本の確定が生じる原因の代表例として、根抵当権設定時に債権者と債務者があらかじめ定めておいた「確定期日の到来」が挙げられる。

非典型担保

. . . .

他の法律上の形式を採用していても、その実質的な目的は担保である

■ 譲渡担保とは

　民法が規定する４種類の担保物権を補う、新しい形式の担保物権を非典型担保と呼びます。民法に規定されている担保物権のみでは、たとえば動産に抵当権を設定することはできないため、取引上の必要性にうまく対応できません。さらに物権法定主義により、民法に規定している担保物権の他に、新たな担保物権を設けることは許されません。そこで、他の法律上の形式を利用しつつ、債権を担保するという目的を達成するための手段が考えられました。その代表格が譲渡担保です。

　AがBに対して債権を有している場合に、Bあるいは第三者Cがその債権の担保として、Aに物の所有権を移転します。Bが債務を弁済すれば、所有権はBやCに戻りますが、Bが債務の弁済をしない場合、Aはその物で優先的に弁済を受けることができます。抵当権等の典型担保においては、担保の実行にあたり、民事執行法上の競売手続きに基づかなければなりません。しかし、当事者の合意に基づく譲渡担保においては、担保権者の視点からは、競売によることなく容易に担保権を実行することができるという利点があります。このように、物の所有権を形式上は債権者に譲渡して、債権回収の確実性を高める制度が譲渡担保です。

　譲渡担保は、形式上は所有権の譲渡でありながら、その実質は担保の設定です。占有の移転は必要ありません。また、個々の動産ではなく、商品在庫のように、動産の集合物全体としての価値に基づき担保に提供できるため（集合動産譲渡担保）、多く利用されます。

譲渡担保ができた実務上の理由

抵当権の目的物は不動産だが、これを何とか動産にも利用できるようにと考え出された。

譲渡担保の利用法

動産の他にも営業権といった企業の有する営業上の価値なども担保にすることができる。

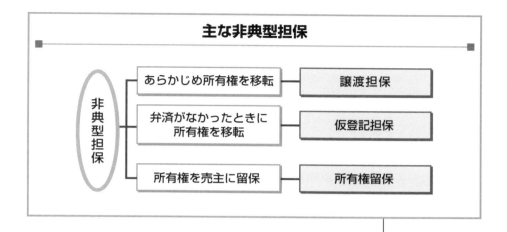

■ 所有権留保

　買主に目的物を引き渡しても、代金が完済されるまで、引渡しをした目的物の所有権を売主に留保することを所有権留保といいます。所有権留保は、代金債権を確保するための1つの担保物権としての機能を果たします。たとえば、自動車や高額商品の割賦販売やローン販売では、ほとんどの場合、所有権留保が利用されています。売買そのものは条件付きではないのですが、所有権移転に停止条件がつけられています。買主は代金を完済すれば所有権の移転を受けることができ、売主は所有権を留保しているので、買主が残代金を支払わない場合には、いつでも契約を解除して、所有権に基づいた目的物の返還を請求することができます。

停止条件

条件が発生するまで効力の発生が停止されている条件。

■ 仮登記担保

　仮登記担保とは、金銭債務の弁済がなされなかった場合に、債務者の権利（不動産の所有権など）を取得できる地位を仮登記により保全しておく債権担保方法です。過大な代物弁済などによる暴利行為を防ぐため、仮登記担保法で一定の制限がかけられています。

仮登記の方法

債権者への代物弁済による所有権移転登記に関する仮登記をしておき、弁済が不履行となった時に本登記にする方法などがある。

Column

共有と区分所有

　物に対する所有権という場合には、1つの物に対して、所有権を持つ者は一人であるとは限りません。1つの物に対して、複数の人が共同して所有するという形態があります。これを共有といいます。民法は共有に関するルールを置いています。

　たとえば、共有状態に入っている当事者は、物に対して持分権を持ちます。つまり、1つの物を、複数の人で共同で所有することになりますので、各共有者は原則として分割した割合に基づき、持分権が認められることになります。そこで民法は、共有物の使用・収益に関しては、原則として共有者の持分権に応じた多数決に基づいた運用が行われています。ただ、使用・収益に関する事項すべてについて、持分権に応じた多数決によらなければならないとすると不都合が多いため、民法はいくつかの例外を規定しています。たとえば、共有物の維持等に必要な行為（保存行為）については、共有者各自が行うことができます。もっとも、共有物を他人に譲渡する場合や、大幅な変更がある場合には、共有物に関するとくに重大な事項といえますので、共有者全員の同意を得なければ、行うことができません。

　なお、民法に規定があるわけではありませんが、解釈により、共有状態には前述した（狭義の）共有の他に、組合財産のように持分権を認めることはできますが、団体的な規律に従わなければならない合有、そして、村落の入会権のように、各人の持分権がまったく認められない総有というように、全部で3種類の共有状態があると考えられています。

　また、分譲マンションのように、1つの建物の中に、ある一定の限られたスペースについて、完全に独立した所有権が認められる場合もあります。これは区分所有と呼ばれ、主に区分所有法の規律に従うことになります。

PART 3

債権総論

債権と債務の関係

一定の行為を要求し、要求される関係

■ 債権と債務

　債権とは、特定の人（債権者）が特定の人（債務者）に対して特定の行為（給付）を請求する権利です。たとえば、自動車の売買契約で言えば、買主は、「自動車を引き渡せ」と売主に請求できます。この場合は、債権者が買主、債務者は売主で、債権者のもつ権利は自動車の引渡債権と呼びます。そして、自動車を引き渡すということが「給付」の内容となるわけです。他方、代金の支払いに着目すれば、売主が債権者、買主が債務者で、債権者のもつ権利は金銭債権と呼ばれます。代金として金銭を支払うことが給付の内容となるわけです。

　債権に対応して、何かをしなければいけないという義務を債務といいます。債務には一定の物を引き渡すことを内容とする「与える債務」（引渡債務）と、それ以外の一定の作為または不作為を内容とする「なす債務」があります。

■ 債権の目的

　債権法は私的自治の原則が最も強くあらわれる分野で、任意規定（29ページ）が多いと言われています。債権の内容も原則として当事者の契約で自由に決められますが、次に掲げる一般的な要件を満たさなければならないという制限があります。

① 給付の適法性

　債権の内容は違法性がなく、社会的にも妥当なものでなければなりません。つまり、債務者の給付が強行規定（29ページ）または公序良俗に違反しないことが必要です。たとえば麻薬売

不作為

何かをしないことを不作為という。たとえば、騒音を引き起こしている者がいる場合には、被害者は加害者に対して、「騒音を引き起こさない」という不作為を求めることになる。

債権と債務

債　権	特定の人が特定の人に対して 特定の行為を請求する権利

↕

債　務	特定の人が特定の人に対して特定の 行為をしなければならない義務

買や殺人を依頼することは公序良俗に違反し無効です（90条）。

② 給付の可能性

　債権の内容は実現可能なものであることが必要です。債権発生時にすでに実現不可能な場合を原始的不能、債権発生後に実現不可能になった場合を後発的不能といいます。後発的不能は債務不履行のうちの履行不能（104ページ）の問題となります。

③ 給付の確定性

　債権の内容ははっきりしていることが必要です。ただし、債権発生時に債権の内容が確定していなくても、履行時までに確定できるものであればよいとするのが判例の立場です。

■ 特定物債権と種類物債権

　特定物債権とは、特定の物の引渡しを内容とする債権です。たとえば、中古車を販売する場面を想定してみましょう。買主は、様々ある中古車の中から、実際に自分が購入する「たったひとつの物」を選択して、売主に対して購入を希望する旨を告げることになります。売買契約の目的物は中古車ですので、新車とは異なり、ある程度傷ついている場合もあるでしょうし、エンジンの調子が万全ではなくても購入したいと考える場合もあるかもしれません。このとき、買主は「まさにこの中古車」

原始的不能の取扱い

改正前民法の下では、原始的不能の債権（契約）は無効だと解釈されていた。しかし、改正後の民法では、原始的不能の債権でも有効（解除により消滅すべきもの）と取り扱われる（412条の2第1項）。

を指定して、購入を希望しているため、物の個性に着目しています。

このように、その個性に着目した物を特定物といいます。中古車の売買契約では、多少の傷やエンジントラブルなどがあっても、そのことを承知で買主はその中古車を選択しているので、売主は引き渡す際に、傷を修復する必要はなく、エンジンを新品に交換する必要もありません。買主が選択した時の状態のまま引き渡せばよいのです。

もっとも、引渡しの時点まで、売主は特定物を善良な管理者の注意をもって、その物を保存しなければなりません（善管注意義務）。

特定物債権に対して、種類物債権とは、種類と数量は決まっていて、具体的にどの物を引き渡すかが決まっていない債権のことです。たとえば、特定の車種・グレードの新車の自動車1台を販売する場合、同じ車種・グレードの自動車であれば、在庫やこれから生産する自動車のうち、どの自動車を納車するのかを前もって特定する必要はなく、購入者のディーラーに対する自動車の引渡請求権は種類物債権だということができます。

種類物債権について、品質の指定がないときは、債務者は中等の品質の物を引き渡さなければなりません。また、種類物債権といっても、債務者が物の引渡しに必要な行為を完了し、または債権者の同意を得て引き渡すべき物を指定したときは、特定物債権に変わります。債務者は特定された物の保管について善管注意義務を負い、特定された物を引き渡さなければなりません。

■ 選択債権

「レースで優勝したら、A馬かB馬のどちらかを贈与する」というように、数個の給付の中からどの給付にするか選択できる債権を選択債権と呼びます。民法では選択債権について一定

善良な管理者の注意義務

その人の職業や社会的地位に応じて一般的に期待されている注意義務のこと。善管注意義務ともいう。一定の地位にある者は、その地位に応じて通常期待される程度の（善良な管理者としての）注意を尽くさなければならない。善管注意義務に違反した者には債務不履行責任が生じることになる。

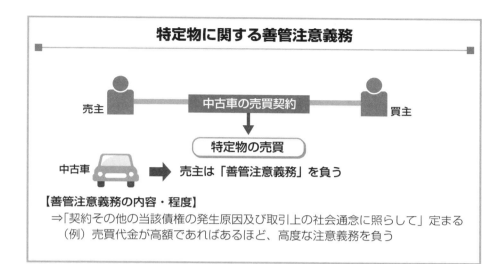

特定物に関する善管注意義務

売主 ── 中古車の売買契約 ── 買主

↓

特定物の売買

中古車 ➡ 売主は「善管注意義務」を負う

【善管注意義務の内容・程度】
⇒「契約その他の当該債権の発生原因及び取引上の社会通念に照らして」定まる
（例）売買代金が高額であればあるほど、高度な注意義務を負う

のルールを定めています。

まず、選択債権の選択権は、別段の合意がない限り、債務者にあると定めています。つまり、A馬とB馬のどちらにするかは贈与する者が決めることができます。選択権を持つ者は、選択の意思表示をすることによって選択権を行使します。意思表示をした後は、相手方の承諾がなければ撤回することはできません。債務の履行時期になっても選択権が行使されないときは、相手方に選択権が移ります。第三者に選択権を与えることもできます。その場合、債権者・債務者双方に選択の意思表示をするものとし、選択の撤回は、債権者・債務者双方の承諾が必要になります。選択債権の給付のうち、どれかが履行不能になった場合、履行不能となったことにつき、選択権を持つ者に過失があるときは、残りの給付に限定されます。

上記の例で、贈与する者に選択権がある場合、贈与する者の過失によりA馬が死亡した場合、レースに勝ったらB馬を贈与しなければならないということです。なお、このようなルールは任意規定ですので、契約で変更することができます。

残りの給付に限定されない場合

一方の給付不能によっても残りの給付に限定されない場合、選択権者は契約を解除することができる。

債権の効力と強制履行

· ·
任意に債務を履行しない者に、債務の履行を強制する
ことができる

■ 債権にはどんな効力があるのか

　債権は目的が達成されると（債権の満足といいます）消滅します。そのためには、債務者の行為が必要になります。債務者が債務の目的である行為（給付）をしてくれないときにはどうなるのでしょうか。まず、債権者は債務者に対して「債権の内容を実現してください」という債務の履行を請求できます。債務者が自ら履行をしない場合には、強制的に履行をさせることもできます。これを強制履行といいます。また、債務者が履行をしない場合や、履行はしたもののそれが不完全であって債権者に損害が発生した場合には、損害賠償を請求することができます。これらが、債権者が債務者に主張できる積極的な効力といえます。

　その一方で債権者はいったん契約をした以上は、一定の要件を満たさない限り、その契約を解除することができません。

■ 強制履行の方法

　債務が任意に履行されない場合について、民法414条1項は、民事執行法等の手続きに従い、以下のような履行の強制を裁判所に請求することができると定めています。

　債権者は原則として法の助力を得て債権の内容を強制的に実現することができます。その方法として、民法は3種類を認めています。なお、すべての債務に3種類の強制履行が認められるというわけではありません。たとえば、売買契約における目的物引渡債務などのように、債務が与える債務である場合には、

**強制履行に
関する民法改正**
改正前民法の下では、3種類の強制履行の手続きについても定めていた。しかし改正後の民法では、手続きの定めを民事執行法等に委ねて、民法では3種類の強制履行ができる旨を定めるにとどめた。

強制履行の方法

強制履行の方法	直接強制	国家機関が債権の内容を直接的・強制的に実現する
	代替執行	第三者に債権の内容を実現させてその費用を国家機関が債務者から取り立てる
	間接強制	債務の履行まで裁判所が債務者に対して一定の金銭の支払義務を課し債務者を心理的に圧迫して債権の内容を実現させる

強制履行としては直接強制が行われることになります。これに対して、債務者に何らかの行為等を求める債務（行為債務）である場合には、債務者の人格に配慮する必要があり、無理やり一定の行為をさせるわけにもいかないので、代替執行や間接強制が行われます。

① 直接強制

債務者の意思にかかわらず、国家機関が債権の内容を直接的・強制的に実現するものです。具体的には、債権の存在を証明する判決など（これを債務名義といいます）をもとに、裁判所に強制執行を申し立て、執行官に執行してもらうわけです。金銭の支払や物の引渡しなど与える債務に適しています。

② 代替執行

第三者に債権の内容を実現させて、その費用を国家機関が債務者から取り立てる方法です。たとえば、債務者がすべき工事をしない場合に、他の業者にやらせて、かかった費用を債務者に請求するというものです。

③ 間接強制

債務を履行するまでの間、裁判所が債務者に対して一定の金銭の支払義務を課すことによって債務者を心理的に圧迫して、間接的に債権の内容を実現させようとするものです。

行為債務に関する強制履行

本文記載のように、行為債務については、強制履行の方法として代替執行や間接強制が認められる。もっとも、歌手の出演契約などのように、債務者以外では債務の履行に値しない場合には、代替執行を認めることはできない。

間接強制の例

たとえば、画家との契約において、絵画の制作を行わない画家に対して、絵を書かないと1日あたり1万円を支払う義務を課する場合が間接強制に該当する。

原始的不能

契約締結時点で実現不可能な契約について債務の履行を請求することはできない

■ 原始的不能とは

　原始的不能とは、契約の締結自体は行われたものの、契約に定められた義務を実現すること（履行すること）が、契約締結時点で不可能である場合をいいます。

　たとえば、ある建物の売買契約を結ぶ場面を想定してみましょう。通常であれば、買主が購入したいと考える建物について、売買契約を結び、売主に対して代金を支払い、売主から買主にこの建物の所有名義を移転します。

　ところが、この建物が売買契約を結んだ時点で、すでに建物が火事で焼失していた場合はどうでしょうか。この場合、存在しない建物についての売買契約となりますので、実現不可能な契約（原始的不能）ということになります。

■ 原始的不能に関する取扱い

　前述の事例のように、実現不可能な契約については、契約が無効であると考えることも可能です。つまり、契約の有効要件として、契約の内容は実現可能なものでなければならず、原始的不能な契約は、この実現可能性を欠くため、契約自体が無効であると解釈することも可能です。

　契約という形で給付を実現する約束が行われているにもかかわらず、契約が無効と扱われるということは、当然に契約から解放されることを意味します。しかし、当事者の合意で契約が結ばれたのに、当然にないものと扱うことは適切ではないとも考えられます。

原始的不能と後発的不能

本文記載の事例のような建物の焼失が契約前である原始的不能に対し、建物が契約後に焼失して引渡しができなくなる場合を後発的不能という。改正前民法では、原始的不能の場合、契約は無効であり、債務不履行責任が生じる余地はないと考えられていたが、改正民法では、原始的不能の場合でも契約が有効であることを明文で定めた。そのため、売主の落ち度により建物が焼失した場合など、債務者に責めに帰すべき事由によって履行不能となったときは、それが契約締結前であったとしても、債務不履行に基づく損害賠償責任を負う可能性がある。つまり、契約締結後の事由による後発的不能の場合と同様の結論になる。

原始的不能について

② 建物の売買契約締結

売主 ← ✕ — 買主

買主は建物の引渡しを請求することはできない

① 契約締結前の焼失 ⇒ **原始的不能**

「契約その他の債務の発生原因及び取引上の社会通念に照らして
不能である」場合

◎ 履行が不可能であることに基づく損害賠償請求を行うことも可能

建物

また、原始的不能に陥った原因が当事者の一方に存在するような場合には、契約が無効であると扱われるよりも、契約上の責任（債務不履行）として処理することの方が、柔軟に解決できると考えられます。

そこで民法は、原始的不能の契約も有効であることを前提とする規定を設けています。具体的には、債権の基本的な請求権として、債務の履行を請求する権利（履行請求権）があることを前提に、債務の履行が「契約その他の債務の発生原因及び取引上の社会通念に照らして不能である」場合には、債権者は債務の履行を請求することができないと規定しています（412条の2第1項）。したがって、前述の事例において、契約締結時点で焼失していた建物の売買契約において、買主は売主に対して、この建物を引き渡せとは請求することができません。債務の履行を請求することができないのであって、原始的不能の契約は、その効力自体が否定されるわけではないという点が重要です。

また、民法は、契約締結時点で実現不可能な債務の履行について、履行が不可能であることに基づく損害賠償請求を行うことができることを規定しています（412条の2第2項）。

受領遅滞

■ 受領遅滞とは

　たとえば、中古自動車の販売の場面で、契約締結後、買主が後日、売主の下に中古車を引き取りに行くという内容の取り決めがあったとしましょう。売主が、買主に引き渡すためのすべての準備を終えて、買主が引き取りにくるのを待っていても、一向に買主が現れず、買主がこの中古車の引き取りを拒否している場合、売主はいつまでたっても自分自身の債務の履行を完了することができない状態に置かれます。このように、債権者が債務の履行の受領を拒否することを受領遅滞といいます。

　受領遅滞に関して、条文から具体的な内容が読み取れないために、受領遅滞の責任の内容が議論されてきました。受領遅滞の法的性質をめぐり、法定責任と解釈する立場は、債務者が負う目的物の保管義務が軽減されると考えます。その一方で、受領遅滞を債務不履行と解釈する立場は、受領遅滞を原因とする契約の解除や損害賠償請求が可能であると考えます。

　このように解釈の対立があって債権者の責任の内容が明らかではありませんでした。そこで、改正民法では、受領遅滞の責任の内容が明らかにされることになりました。具体的には、受領遅滞による効果が具体的に条文に盛り込まれることになり、以下の2つの効果が明示されました。

① 目的物の保存義務の軽減

　改正法は、債務の目的物が特定物の引渡しであるときは、債務者は、履行の提供をした時点から引渡しの時まで、自分自身の財産に対するのと同一の注意をして、その物を保存すればよ

改正前の民法では、債務者が履行の提供を行ったときから、債権者が「遅滞の責任を負う」と規定するのみで、債権者が負う受領遅滞の具体的な責任の内容は不明確であった。そのため本文記載のように、様々な解釈が行われてきた。

債権者の受領義務
債務不履行説は債権者に受領義務があると解釈し、受領義務の不履行を理由に契約解除や損害賠償請求ができるとする。改正民法でも受領義務は明文化されていないが、これを肯定する余地はあると考えられている。

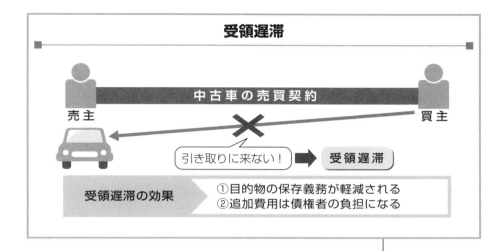

いと規定しています（413条1項）。前述した事例の中古車等は、物の個性に着目した特定物にあたり、原則として売主には善管注意義務という保管義務が課せられますが、債権者である買主が受領遅滞に陥った場合、この保管義務の程度が軽減されることが明らかになりました。

② 追加費用の負担に関して

債権者が受領遅滞に陥っている場合、目的物の保管等に必要な費用が、追加で必要になる場合があります。改正法は、追加費用等（増加額）は債権者が負担すべきものであることを明らかにしました（413条2項）。

また、改正民法の下では、債権者が受領遅滞に陥っている途中で、債務者に落ち度がない理由に基づいて、債務の履行が不可能（履行不能）になった場合、それは債権者の落ち度として扱われることが明文化されています（413条の2第2項）。つまり、受領遅滞に陥っている債権者は、契約の解除等を行うことができないということです（543条）。なお、改正民法の下でも、債権者に受領義務があることまでは明記されておらず、従来からの解釈上の争いが完全に払拭されたわけではありません。

債務不履行

債務不履行の態様には３つの類型がある

■ 債務不履行になる場合

契約本来の趣旨に沿った内容が給付されない場合を、債務不履行といいます。債務不履行の態様は、履行遅滞、履行不能、不完全履行という３つに分類されます。それぞれの態様により取扱いが異なります。

① 履行遅滞

約束の期日が来ても、履行されない場合が履行遅滞です。履行遅滞では、「履行期」がいつ来るのかが重要になります。①確定期限がある場合は、その期限が来た時、②不確定期限がある場合は、期限到来後に履行の請求を受けた時、またはその期限到来を知った時のいずれか早い時、③期限の定めがない場合は、債権者から請求を受けた時になります（412条２項）。履行遅滞があったときは、債権者は、履行を催告し、相当期間が経過すれば、契約を解除することができます。債務者に履行する意思がないことが明らかである場合などの一定の場合には、催告なく契約を解除することができます。また、債務者の責めに帰すべき履行遅滞により損害を被ったときは、債権者は、損害賠償の請求をすることができます。

② 履行不能

債務の履行が契約その他の債務の発生原因及び取引上の社会通念に照らして不能である場合を履行不能といいます。売買の目的物である建物が火災で焼失した場合や、ピアニストがコンサート前に交通事故に遭って演奏できなくなった場合などです。

また、不動産の二重譲渡のケースで、買主の一方が移転登記

代償請求権

履行不能に基づく損害賠償請求について、改正法では代償請求権に関する条文も新設された。代償請求権とは、債務が履行不能に陥ったときに、履行不能となったのと同じ原因により債務者が債務の目的物の代償となる利益を取得した場合に、債権者が債務者に対してその利益相当額の償還を求めることができる権利をいう。なお、代償請求権に関しては、債権者が自ら受けた損害額の限度で行使できるという制限がある。

不確定期限を定めた契約における履行遅滞について

たとえば「自分が死んだら」というように、契約等において不確定期限が定められていた場合に、改正前の民法では、期限の到来したことを知った時から遅滞の責任を負うとされていた。もっとも解釈により、期限到来後に履行の請求を受けた場合も、それ以後は履行遅滞の責任を負うと考えられていたため、この解釈を改正民法で条文化した。

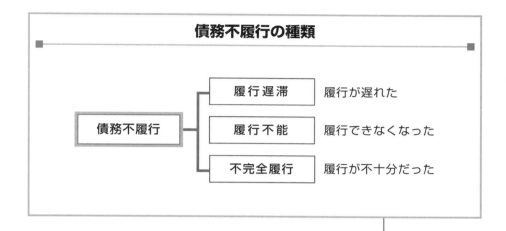

債務不履行の種類

債務不履行 ── 履行遅滞 ── 履行が遅れた

債務不履行 ── 履行不能 ── 履行できなくなった

債務不履行 ── 不完全履行 ── 履行が不十分だった

を済ませた場合には、売主の他方の買主に対する移転登記義務は履行不能になります。履行不能は、履行期が来なくても起こり得ます。履行不能の場合には、債権者は履行を請求することはできません。

履行不能となったことについて、債権者に責任（帰責事由）がない場合、債権者は契約を解除することができます。また、履行不能となったことについて、債務者に責任（帰責事由）がないことが立証されない限り、債権者は債務者に対して損害賠償を請求することができます。

③ 不完全履行

一応、履行されるにはされたのですが、どこか足りない部分があるという場合が不完全履行です。これは、履行遅滞と履行不能以外で「債務の本旨に従った履行をしない」（完全履行でない）場合がすべて含まれます。給付された目的物が不完全な場合は、それを完全なものにできるのであれば、債権者としてはまず、債務者に「追完」（履行を追加して完全履行とすること）を請求すればよいでしょう。追完が不能であれば、損害賠償を請求するか、契約解除をするしかありません。

履行不能の定義等

民法412条の2第1項～第2項で規定している。

不完全履行において他に損害が及んだ場合

たとえば、新たに給付されたヒヨコが病気だったために、他のヒヨコにも移ってしまったというような場合、不完全履行が原因になって損害が発生している。この場合、他のヒヨコの病気についても損害賠償請求が可能である。

債務不履行と損害賠償請求

不履行の事実があれば損害賠償請求権を行使できる

■ 債務不履行の効果としての損害賠償請求

　たとえば、機械の部品の製作を依頼する請負契約が締結され、契約の中で４月１日が納期とされていたにもかかわらず、納品が間に合わず、納期が３日遅れたという場合を考えてみましょう。

　請負人は元々の契約で定めた期日を守っていないため、契約に違反したことになり、債務不履行に陥っているといえます。前述の事例のように、本来の納期より遅れて納品をしている場合、この種の債務不履行は履行遅滞に該当します。

　債務不履行があった場合、債権者は、一定の場合には、契約を解除したり、相手方に対して損害賠償を請求することが可能になります。

■ 債務不履行に基づく損害賠償請求のための要件

　債務不履行に基づく損害賠償請求の要件については、債務不履行の事実の存在が必要であるのはもちろんですが、債務不履行について債務者に責任（帰責事由）があることが必要です。しかし、本来履行されるべき債務が履行されていないのですから、債権者に債務者の帰責事由を立証させるのではなく、債務者に帰責事由がないことを立証させるのが公平です。

　改正前の民法は、「債務者の責めに帰すべき事由によって履行をすることができなくなったとき」に損害賠償請求ができると規定していましたが、債務者に帰責事由がないことを立証する責任があると解釈されていました。改正後の民法415条１項では、「債務者がその債務の本旨に従った履行をしないとき又

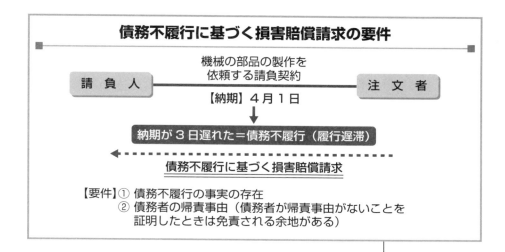

は債務の履行が不能であるときは、債権者は、これによって生じた損害の賠償を請求することができる。ただし、その債務の不履行が契約その他の債務の発生原因及び取引上の社会通念に照らして債務者の責めに帰することができない事由によるものであるときは、この限りでない。」と規定し、ただし書で帰責事由について規定することで、その不存在の立証責任が債務者にあることを明確にしています。

したがって、債務不履行に基づく損害賠償請求を行うための要件は、基本的に債務不履行によって損害が生じたことのみで足り、債務者の帰責事由については、債務者が自らに帰責事由がない旨の証明をした場合に責任を免れることができます。

たとえば、前述の例において、部品の注文者としては、部品の納期が3日遅れたことで機械の製造が遅れ、顧客に納品できないなどの損害が生じた場合、部品製造の請負人の帰責事由を主張・立証することなく、損害賠償を請求できます。請負人としては、地震により交通網が寸断されて、頑張っても納期には間に合わなかったなど、不可抗力を主張して、帰責事由がないことを主張・立証すれば、損害賠償責任を免れることができます。

金銭債務は免責不可

金銭債務の不履行はそれが不可抗力でも履行遅滞の責任を免れない（419条3項）。よって、債務者は自らに帰責事由がないのを証明しても、金銭債務の不履行について履行遅滞の責任を負う。

損害賠償の範囲や過失割合

予見可能であれば特別な事情による損害も賠償する責任を負う

■ 損害賠償の範囲についての変更

　債務不履行に基づく損害賠償請求権については、生じた損害のどの範囲についてまで賠償の対象に含まれるのかという問題があります。

　たとえば、1000万円の建物の売買契約を結んだ買主が、売主から購入した後に、第三者に対して1500万円で売却する予定であったとします。しかし、売主の不注意で引き渡す前に建物を焼失させた場合、売主は債務不履行責任を負い、買主に対して損害賠償責任を負担します。この場合、賠償を請求できる損害額は、建物の価格である1000万円なのか、または、転売により取得するはずであった1500万円なのかという問題です。

　債務不履行に基づく損害賠償の範囲は、債務不履行により、①通常生ずべき損害（通常損害）であるとし、②特別の事情によって生じた損害（特別損害）についても、当事者（とくに賠償責任を負う者）が、その事情を予見すべきであったときは賠償の範囲に含まれるとされています（416条）。なお、債権法改正により、規範的な要件であることを明確にするため、「予見し、又は予見することができたとき」という文言が「予見すべきであったとき」に改められています。

　前述の建物の売買契約の事例では、1000万円は通常損害として認められると考えられます。他方で、転売の利益である500万円は特別損害であると考えられ、損害賠償の範囲に含まれるか否かは、当事者（とくに売主）が、取引の実情等から、転売の可能性について予見すべきであるといえるか否かで決まります。

特別損害に関する債務者の予見について

民法は、予見すべきであるか否かについて、取引の実情等に応じて個別具体的に判断するという姿勢を示している。

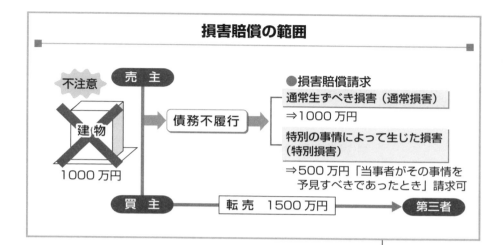

損害賠償の範囲

●損害賠償請求

通常生ずべき損害（通常損害）
⇒1000万円

特別の事情によって生じた損害
（特別損害）
⇒500万円「当事者がその事情を予見すべきであったとき」請求可

不注意
売主
建物
1000万円
債務不履行
買主
転売　1500万円
第三者

■ 過失相殺について

　損害賠償の額を決める際に、債権者側に過失がある場合には、これを考慮して賠償額を減額し、または賠償自体を否定する運用が行われています。これを過失相殺といいます（418条）。なお、債権法改正により、損害を拡大させたことについて債権者側に過失があった場合も過失相殺の対象となることが明記されました。

■ 賠償額の予定について

　債務不履行があった場合の損害賠償額について、あらかじめ当事者間で取り決めておくことがあります。これを賠償額の予定といいます。賠償額の予定がある場合は、訴訟においても尊重されるのが原則ですが、あまりに不当な金額である場合には、裁判所による金額の増減の可能性があります。債権法改正では、裁判所による金額の増減ができないとする規定が削除され、実際の裁判での取扱いに沿う規定になりました。

**過失相殺が
認められる場合**

改正民法では、単に債務不履行そのものに過失がある場合だけでなく、債権者側に、債務不履行による損害の発生・拡大について過失が認められる場合にも、過失相殺として扱われることが明記されている。

責任財産の保全

■ 責任財産の保全

　債権は、いくら法律上の権利があっても、その内容を債務者が実行してくれなければ実現できません。

　担保をとっていない債権者を一般債権者といいます。債務者の財産が十分にあれば、仮に任意の履行がなく強制履行ということになっても、一般債権者の債権は回収できるでしょう。しかし、一般債権者があてにする債務者の財産は、そのときどきの状態によって、増えたり減ったりします。仮に債務者が複数の債権者に対して債務を負っている場合（多重債務者）、まず抵当権等の担保をとっている債権者が、その担保を実行して自己の債権を回収します。この段階で、債務者の財産がすべてなくなってしまえば、残りの債権者は債権を回収することができません。残りの財産がある場合、一般債権者の債権を実現する原資となるべき債務者の財産の総体を責任財産といいます。

　民法は、債務者の責任財産を保全するために、債権者代位権と詐害行為取消権という2つの手段を債権者に与えています。

■ 債権者代位権とは

　債権者代位権とは、債務者が自己の権利（被代位権利）を行使しようとしない場合に、債権者が自己の債権を保全するために債務者に代わって被代位権利を行使して、債務者の責任財産の維持・充実を図る制度です（423条）。債権者は債務者の代理人としてではなく、自分自身のために、債務者になり代わって被代位権利を行使するわけです。たとえば、A（債権者）がB

一般債権者

抵当権などの担保物権を持たない債権者。

責任財産

強制執行の対象となる物や権利で、債権者への債務の履行の原資となる財産。

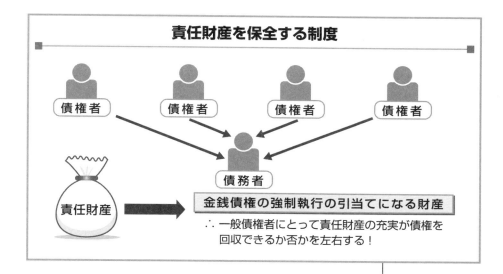

責任財産を保全する制度

債権者 → 債務者

責任財産 → **金銭債権の強制執行の引当てになる財産**

∴ 一般債権者にとって責任財産の充実が債権を
回収できるか否かを左右する！

（債務者）に100万円を貸し付けましたが（被保全債権）、返済
日を過ぎてもBが返済しないとします。この場合、BのC（相
手方）に対する100万円の売買代金債権（被代位権利）を、A
がBに代わって行使するのが債権者代位権です。

■ 詐害行為取消権とは

債務者が、債権者を害することを知りながら、責任財産を減
少させる行為（詐害行為）をしたときは、債権者は、その取消
しを裁判所に請求することができます（424条）。債権者は債務
者による詐害行為を取り消し、失った財産を責任財産の中に戻
すことができるのです。

詐害行為取消権とは、債権者代位権と同じく責任財産の保全
を趣旨とします。たとえば、A（債権者）がB（債務者）に
100万円を貸与したところ（被保全債権）、返済日を過ぎてもB
が返済しない場合、Bが唯一の財産である土地をC（受益者）
に売却した行為について、AがBC間の売買契約の取消しを裁
判所に請求するのが詐害行為取消権です。

債権者代位権の要件や行使方法

他人の権利を行使する点で一定の制約がある

■ 債権者代位権の要件

債権者代位権の行使が認められるための要件は、以下の4つです。

① 被保全債権を保全する必要性がある

被保全債権が金銭債権であるときは、債務者が無資力（債務超過）であること、つまり債務者の資力が債務を弁済するために十分でないことが必要です（無資力要件）。

これに対し、登記請求権など金銭債権以外の債権を被保全債権とする債権者代位権の場合は、無資力要件が不要と解されており、これを「転用型」の債権者代位権といいます。他方、無資力要件を必要とする債権者代位権を「本来型」の債権者代位権といいます。改正後の民法は、転用型のうち登記（登録）請求権の代位行使について明文で認めました（423条の7）。たとえば、不動産がAからB、BからCに譲渡され、登記名義がAに残っている場合、CはBに対する所有権移転登記請求権を保全するために、BのAに対する所有権移転登記請求権を代位行使することができます。

② 被保全債権・被代位権利の期限の到来

債権者代位権の行使には、被保全債権が履行期にあることが必要になります（423条2項本文）。ただし、非保全債権が期限未到来でも保存行為（時効の完成猶予など）の代位行使は可能です（423条2項ただし書）。また、債権を行使できるのは期限到来後ですので、被代位権利の期限の到来が要求されます。

③ 被代位権利が一身専属権や差押禁止権利にあたらない

被代位権利についての債務者自身の取立行為等

債権者代位権に関して、改正法は、基本的には判例・通説を条文に取り入れた。しかし「債権者が被代位権利を行使した場合であっても、債務者は、被代位権利について、自ら取立てその他の処分をすることを妨げられない」（423条の5）という規定は、改正前民法の下での判例の考え方とは異なるものである。

裁判上の代位

改正前民法では、期限未到来でも裁判上の代位を可能とする規定があった。しかし実際に利用されるケースが皆無であったため、削除された。

債権者代位権を行使する際の手続きや効果

① 代位行使の範囲・方法	・被代位権利が可分（金銭債権が原則可分です）のときは、債権者は、被保全債権の額を上限として被代位権利の行使ができる（423条の2）。 ・被代位権利が金銭の支払いまたは動産の引渡しを目的とするときは、債権者は相手方に対し、支払いや引渡しを自己にすることを請求できる（423条の3）。	
② 相手方の抗弁	債権者代位権の行使があった場合、相手方は、債務者に主張できる抗弁（同時履行の抗弁権など）をもって、債権者に対抗できる（423条の4）。	
③ 訴えによる債権者代位権の行使	債権者が代位訴訟（被代位権利の行使に係る訴訟）を提起した場合は、債務者に遅滞なく訴訟告知をしなければならない（423条の6）。代位訴訟の結果（確定判決の効力）は債務者にも及ぶ（民事訴訟法115条1項2号）ことから、債務者が代位訴訟に参加する機会を与えるためである。	

権利者のみが行使できる権利（一身専属権）は、代位行使の対象外です。また、差押えが禁止された権利も代位行使の対象外です（423条1項ただし書）。

④　被保全債権が強制執行で実現不可能でない

被保全債権が強制執行で実現不可能である場合は代位行使ができません（423条3項）。債権者代位権は強制執行の準備としての性質があり、強制執行ができない債権を保全するために代位行使を認めるのは不適切であるためです。

■ 債権者代位権の行使

債権者代位権の行使の手続きや効果については、改正前の民法では、あまり具体的な定めはありませんでした。改正により、他人の権利を行使する点を考慮して、上図のような具体的な手続きや効果が定められました。

一身専属権

行使できる者が限られている権利のことで、他人に権利を移転できない性質を有する。身分法（婚姻関係や親子関係に関する法律）で認められている権利の多くが一身専属権である。扶養請求権（877条）や夫婦間の契約取消権（754条）などがこれにあたる。

詐害行為取消権

「債権者を害する意思」で「債権者を害する行為」を
したことが必要

■ 受益者に対する詐害行為取消権の一般的要件

　詐害行為取消権に関して、民法は、受益者（債務者からの権利取得者）を相手方とする場合と、転得者（受益者や転得者からの権利取得者）を相手方とする場合とで、その要件を別個に規律しています。受益者に詐害行為取消請求をするための一般的要件は、以下の5つです。

① 詐害行為

　詐害行為とは、債務者が「債権者を害する行為」をすることです。具体的には、債務者が自己の財産を故意に減少させ、その資力を債権者の債権を弁済するために十分でない状態（債務超過）に陥らせることです（無資力要件）。

② 詐害意思

　詐害意思とは、詐害行為の時に、債務者が、債権者を害する事実を知っていたことをさします（424条1項）。また、受益者も債権者を害する事実を知っている必要があります。

③ 財産権を目的とする行為

　財産権を目的としない行為については、それが債権者を害するとしても詐害行為取消請求ができません（424条2項）。財産権を目的としない行為とは、婚姻・離婚・認知・養子縁組・相続放棄といった身分上の行為のことをさします。

④ 被保全債権が詐害行為前の原因によって生じたこと

　債権者は、被保全債権が詐害行為前の原因に基づいて生じた場合に限り、詐害行為取消請求が可能です（424条3項）。

⑤ 被保全債権が強制執行で実現不可能でないこと

詐害行為取消権の一般的要件

- **詐害行為（債務者が債権者を害する行為）**
  - → 債務者が自己の財産を減少させて、自らを債務超過に陥らせる（無資力要件）
- **詐害意思（債権者を害する事実を知っている）**
  - → 債務者が債権者を害する事実を知っていることをさす
    （なお、受益者も債権者を害する事実を知っていることが必要）
- **財産権を目的とする行為**
  - → 離婚・認知・養子縁組・相続放棄などの身分上の行為は対象外となる
- **被保全債権が詐害行為前に生じた**
  - → 被保全債権が詐害行為前の原因に基づいて生じたものであることを要する
- **被保全債権が強制執行で実現不可能でない**
  - → 強制執行ができない債権を対象とするのは不適切

債権者は、被保全債権が強制執行により実現できないときは、詐害行為取消請求ができません（424条4項）。

■ 詐害行為取消権の特則

次に詐害行為取消権の特則（例外）について見ていきましょう。改正により、破産法の否認権などとの整合性をとるためにできた規定です。

① 相当対価処分行為の特則

債務者が時価1000万円の不動産を受益者に売却して代金1000万円を得た場合などの相当対価処分行為については、相当価格処分行為によって、債務者が換価した金銭などについて隠匿等の処分（隠匿・無償供与などの債権者を害する処分）をするおそれが現に生じており、相当価格処分行為の当時、債務者が対価として取得した金銭などについて隠匿等の処分をする意思を有しており、受益者がその意思を知っていた場合のみ、債権者は、詐害行為取消請求ができます（424条の2）。

> **相当価格処分行為**
> 債務者が、その有する財産を処分する行為をした場合において、受益者から相当の対価を取得している行為。

② **担保供与等行為の特則**

　債務者が受益者のために抵当権を設定し、または受益者に債務を弁済するなど、担保供与や弁済の行為については、債務者と受益者とが通謀して他の債権者を害する意図で、債務者が支払不能の時に担保供与等行為が行われた場合のみ、債権者は、詐害行為取消請求ができます（424条の3）。

③ **過大な代物弁済等の特則**

　たとえば、債務者が1000万円の貸金債務の弁済として、受益者に時価1500万円の不動産を代物弁済した場合など、「債務者がした債務の消滅に関する行為であって、受益者の受けた給付の価額がその行為によって消滅した債務の額より過大である」場合は、一般的要件を満たすときに、消滅した債務額以外の部分について詐害行為取消請求ができます。

■ 転得者に対する詐害行為取消権の要件

　転得者に対して詐害行為取消請求をする場合は、その前提として、受益者に対して詐害行為取消請求ができることが要件になります（424条の5）。また、その転得者だけでなく受益者や前の転得者全員に詐害意思のあることが必要になるということです。

■ 詐害行為取消権の行使

　改正前は、詐害行為取消請求の手続きや効果などが明確でなかったため、改正により具体的に定められました。債権者は、詐害行為取消請求において、債務者がした行為の取消しとともに、受益者・転得者が取得した財産の返還（返還困難な場合は価額の償還）をあわせて請求できます（424条の6）。そして、詐害行為取消請求についての訴えの被告は受益者・転得者であって、債務者は被告となりませんが、債務者に対しては訴訟告知が必要です（424条の7第1項）。

　また、詐害行為取消請求についての訴えを提起できるのは、

詐害行為取消権の行使・詐害行為の取消しの効果

行使方法	①詐害行為の取消しと、受益者（転得者）が取得した財産の返還を請求する ②受益者（転得者）が被告となり、債務者は被告とならない ③訴えを提起した債権者は債務者に訴訟告知をする
行使期間	詐害行為を知った時から2年間かつ詐害行為時から10年間 [改正前] 取消原因を知った時から2年間かつ詐害行為時から20年間
取消しの 範囲	①詐害行為の目的が可分（金銭債権など）の場合や価額の償還を請求する場合、債権者は自己の債権額の限度で詐害行為取消請求ができる ②債権者は直接自己に対する金銭支払いまたは動産引渡しを請求できる
取消しの 効果	詐害行為取消請求を認容する確定判決は、訴訟当事者・債務者・全債権者に効力が生ずる

詐害行為の事実を債権者が知った時から2年間、かつ詐害行為の時から10年間です（426条）。

取消しの範囲については、詐害行為の目的が可分（金銭債務の弁済など）である場合か、価額の償還を請求する場合に、債権者は、自己の債権額の限度でのみ詐害行為取消請求ができます（424条の8）。また、受益者・転得者に金銭の支払い（価格の償還を含む）あるいは動産の引渡しを請求する場合、債権者はその支払いまたは引渡しを自己に直接することを請求できます（424条の9）。

■ 詐害行為の取消しの効果

詐害行為取消請求を認容する確定判決は、訴訟の当事者に加えて「債務者およびそのすべての債権者」に対しても効力が生じます（425条）。なお、転得者を被告とした場合、その前者（受益者など）には取消しの効果が及びません。

多数当事者の債権債務

ひとつの債権に債権者や債務者が複数いる場合がある

■ 多数当事者の債権債務とは

契約などによって発生する債権や債務においては、債権者1人かつ債務者1人という場合だけでなく、債権者または債務者が複数となる場合もあります。このような場合を多数当事者の債権債務といいます。

多数当事者の債権債務には、1台の車を数人で購入する、マンションを共同で借りる、数人でお金を借りるなど、いろいろな場合が考えられます。民法は、多数当事者の債権債務については、分割債権・分割債務を原則としています。

債権者は、それぞれの債務者の負担割合だけしか請求できないし、債務者の方も、自分の負担割合だけを支払えばよいというのが分割債務です。負担割合が不明なときは均等な割合となります。中には、性質上分割できない場合もあります。たとえば友人と共同で購入した競走馬を誰かに売る場合は、バラバラにして競走馬を引き渡すわけにはいきません。この場合は不可分債務となります。

またAB2人で100万円借金をしたときに、2人とも同一内容の債務（100万円の返済債務）を負うが、一方が支払った分だけ債務額が減る場合（Aが70万円返済すればAもBも残り30万円を支払えばよい）を連帯債務といいます。どちらかが払ってくれればよく、払った分だけ他方の債務額も減り、AB間の調整（求償）は自分たちでしてくれ、というものです。もしAが破産などによって無資力になればBが債務を全部かぶりますから、まさに「連帯」ということができます。

分割債権・債務

分割債権・債務（427条）については、従来からの変更点がないため、本書ではとくに言及していない。

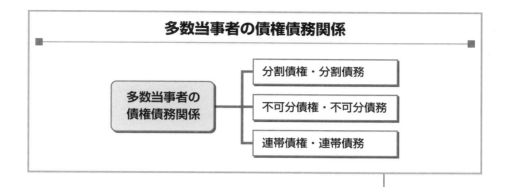

多数当事者の債権債務関係

多数当事者の
債権債務関係
- 分割債権・分割債務
- 不可分債権・不可分債務
- 連帯債権・連帯債務

改正民法では、①債権・債務の目的が性質上可分なものが分割債権・分割債務、②債権・債務の目的が「性質上不可分」なものが不可分債権・不可分債務、③債権・債務の目的が「性質上可分であるが法令の規定や当事者の意思表示により連帯して債権・債務を有する」のが連帯債権・連帯債務、という形で多数当事者の債権関係を整理しました。この用語の整理により、性質上可分な債権・債務を当事者の意思表示で不可分債権・不可分債務にはできなくなり、この場合は連帯債権・連帯債務とすべきことになったのがポイントです。

■ どんな機能を果たしているか

多数当事者の債権債務は、当事者を複数おくことによって達成できる機能があります。たとえば、債務者が1人だけのときには、その債務者が無資力になってしまうと債権が実現できなくなります。もしその場合に、同じ債権について同じように義務を負う債務者がもう1人いれば、債権者はその債務者からも債権を回収することができます。このように、とりわけ債務者が複数いる場合には、債権者にとってみれば、債権の担保（人的担保）があることになり、有利なのです。

連帯債権・連帯債務・不可分債権・不可分債務

数人が連帯して債権・債務を負担する場合の規律

■ 連帯債務とは

　連帯債務とは、債務の目的が性質上可分である場合に、法令の規定または当事者の意思表示によって、数人（連帯債務者）が連帯して債務を負担することをいいます。改正後の民法では、連帯債務となり得る債務を「債務の目的が性質上可分である場合」に限定したため、性質上不可分な債務はすべて不可分債務となります。ある債務が連帯債務である場合、債権者は、①連帯債務者の１人に対し、全部または一部の履行を請求してもよいし、②同時または順次にすべての連帯債務者に対し、全部または一部の履行を請求することもできます（436条）。

　たとえば、ＡがＢＣに対し100万円を貸し付けた際、ＢＣがＡに対して連帯して返済義務を負担する旨を合意した場合、Ａは、Ｂだけに対し100万円の返済請求ができますし、ＢＣに対し同時に100万円の返済請求もできます（Ａが受領権限を有するのは100万円だけです）。連帯債務者の負担部分は、連帯債務者間の特約がある場合を除き「等しい割合」です。

■ 連帯債務の絶対的効力の範囲

　多数当事者の債権債務において、絶対的効力（絶対効）とは、債権者・債務者の１人に生じた事由が、他の債権者・債務者にもその効力が及ぶことをいいます。

　改正前民法では、連帯債務者の１人に生じた事由について、①履行の請求、②更改、③相殺等、④免除、⑤混同、⑥時効の完成に絶対的効力を認めていました（改正前民法434条〜439

相対的効力

本文記載の絶対的効力に対して、他の者に効力が及ばないのが相対的効力（相対効）である。つまり、債権者・債務者の１人に生じた事由が、他の債権者・債務者にその効力を及ぼさないことをいう。絶対的効力に掲げられていない事由は相対的効力にとどめられる（441条）。

多数当事者の債権・債務

【連帯債権・連帯債務】

連帯債権 → 債権の目的が性質上可分である場合、法令の規定または当事者の意思表示で数人（連帯債権者）が連帯して債権を有すること

連帯債務 → 債務の目的が性質上可分である場合に、法令の規定または当事者の意思表示により数人（連帯債務者）が連帯して債務を負担すること

【不可分債権・不可分債務】

不可分債権
不可分債務 → 原則として連帯債権・連帯債務に関する規定が準用される

条）。しかし、連帯債務者間の関係が希薄なこともあり、その場合、知らない間に他の連帯債務者への履行の請求により時効の完成が猶予されたりすると不都合です。そこで、改正後は、②更改、③相殺等、⑤混同に絶対的効力が限定されました（438条〜440条）。

　たとえば、ＢＣがＡに対し100万円の連帯債務を負担する場合、ＡがＢに返済請求をしても、Ｃに返済請求をしたことにはならず、時効の完成猶予など、履行の請求の効果はＢのみに生じます。他方、Ｂが相続によりＡを相続したときは、混同（債権者と債務者が同一人Ｂに帰属する）によるＢの連帯債務の消滅の効果がＣにも及びます。ただし、債権者と連帯債務者との間で別段の意思表示（合意）をしたときは、その連帯債務者に対する効力は合意に従います。

　③相殺等に関しても、まず、ⓐ連帯債務者の１人が債権者に対して債権（反対債権）を有する場合、当該連帯債務者が相殺を援用したときは、反対債権がすべての連帯債務者の利益のために消滅します（439条１項）。

　また、ⓑ反対債権を有する連帯債務者が相殺を援用しない間

連帯債務と相殺
改正前民法は、他の連帯債務者による相殺の援用で連帯債務を消滅させる制度であったが（改正前民法436条２項）、改正法の下では、従来の通説の見解であった履行拒絶の制度に変更された。

は、当該連帯債務者の負担部分の限度で、他の連帯債務者は、債権者に対して連帯債務の履行拒絶ができます（439条２項）。

■ 連帯債権

連帯債権とは、債権の目的が性質上可分である場合、法令の規定または当事者の意思表示で数人が連帯して債権を有するものです。

ある債権が連帯債権である場合、各債権者は、すべての債権者のために全部または一部の履行を請求することができ、債務者は、すべての債権者のために各債権者に履行ができます（432条）。たとえば、ＡＢがＣに対し100万円を貸し付けた際、ＡＢの貸付債権を連帯債権とする旨を合意した場合、ＡはＣに100万円の返済請求ができますし、ＣはＡだけに100万円の返済ができます。連帯債権者の持分は、連帯債権者間の特約がある場合を除き「等しい割合」となります。

■ 連帯債権者の１人に生じた事由の効力

連帯債権の場合、連帯債権者の１人に生じた事由は、「履行の請求、更改、免除、相殺等、混同」につき絶対的効力（絶対効）を認めるのに対し、その他の事由は、他の連帯債権者には影響せず、相対的効力にとどまります（435条の２）。なお、連帯債権者の１人と債務者が別段の合意をしたときは、その合意に従います。

① 履行の請求（432条）

各債権者が「すべての債権者のために」履行を請求できます。よって、連帯債権者の１人による履行の請求の効果（時効の完成猶予など）が、他の連帯債権者にも及びます。

② 更改・免除（433条）

連帯債権者の１人と債務者との間に更改・免除があった場合、他の連帯債権者は、当該連帯債権者の持分（権利を失わなけれ

多数当事者の１人に生じた事由の効力

事　　由	連帯債務者の １人に生じた場合	連帯債権者の １人に生じた場合	不可分債務者の １人に生じた場合	不可分債権者の １人に生じた場合
履行の請求※	相対的効力	絶対的効力	相対的効力	絶対的効力
更改	絶対的効力	絶対的効力	絶対的効力	相対的効力
相殺等	絶対的効力	絶対的効力	絶対的効力	絶対的効力
免除	相対的効力	絶対的効力	相対的効力	相対的効力
混同	絶対的効力	絶対的効力	相対的効力	相対的効力
時効の完成	相対的効力	相対的効力	相対的効力	相対的効力

※履行の請求による時効の完成猶予・更新も含む

ば分与されるべき利益）について履行を請求できなくなります。たとえば、ＡＢがＣに対し100万円の連帯債権（持分は均等）を有する場合、ＡがＣの債務を免除すると、50万円分は免除の絶対的効力で請求できなくなるため、ＢはＣに対し残り50万円の請求のみができます。

③　相殺等（434条）

　債務者が連帯債権者の１人に対して債権（反対債権）を有する場合、債務者が相殺を援用したときは、他の連帯債権者にも相殺の効力が生じます。つまり、相殺の援用により対当額で消滅した分だけ、他の連帯債権者の債権も消滅します。

④　混同（435条）

　連帯債権者の１人と債務者との間に混同があった場合、債務者は弁済をしたと扱われ、他の連帯債権者にも効果が及びます。

■ 不可分債権・不可分債務

　不可分債権については連帯債権の規定が、不可分債務については連帯債務の規定が、それぞれ準用されます（428条、430条）。

**不可分債権・
不可分債務**

本文記載のように、連帯債権・連帯債務の規定が準用されるのが原則である。しかし、不可分債権の場合、連帯債権の「更改・免除・混同の絶対的効力」に関する規定（433条、435条）は準用されない。また、不可分債務の場合、連帯債務の「混同の絶対的効力」に関する規定（440条）は準用されない。

連帯債務者間の求償関係・通知義務

他の連帯債務者に対して求償を求めることができる

■ 連帯債務者間の求償関係

連帯債務者の１人が債務の弁済などをした場合、その連帯債務者は、他の連帯債務者に対し、弁済した金額のうち、負担部分に応じた額の支払いを請求できます（442条）。これを求償権といいます。たとえば、ＢＣがＡに対し100万円の連帯債務（負担部分は均等）を負担する場合、ＢがＡに30万円を返済したときは、支払額がＡの負担部分（50万円）に達していませんが、Ｃに15万円を求償することができます。

なお、債務の弁済などをした連帯債務者は、債権者から債務の免除を受けた他の連帯債務者や、消滅時効が完成した他の連帯債務者に対しても、求償権を行使することができます（445条）。

■ 無資力者がいる場合の求償関係

無資力の連帯債務者に対しては、求償権を行使したところで、事実上、償還を受けることができません。そこで、連帯債務者の中に無資力者がいる場合は、求償者と他の資力のある連帯債務者との間で、償還を受けることができない部分を各自の負担部分に応じて負担します（444条１項）。このとき、求償者と他の資力のある連帯債務者がいずれも負担部分を有しない者である場合は、償還を受けることができない部分を均等な割合で負担します（444条２項）。ただし、償還を受けることができないことについて求償者に落ち度（過失）があるときは、他の連帯債務者に償還を受けることができない部分の分担を請求することができません（444条３項）。

連帯債務者間の求償関係

改正民法では、免責を得た額（弁済額など）が自己の負担部分を超えるかどうかにかかわらず、連帯債務者は求償権を行使できるとする改正前の判例の立場を条文化した（442条１項）。

民法445条の趣旨

本文記載のケースにおいて、ＣがＡから免除を受けても、免除の効力はＢに及ばないので（相対的効力）、ＢがＡに30万円を弁済したときは、Ｃに15万円を求償できることを明確にするのが民法445条の趣旨だと解される。

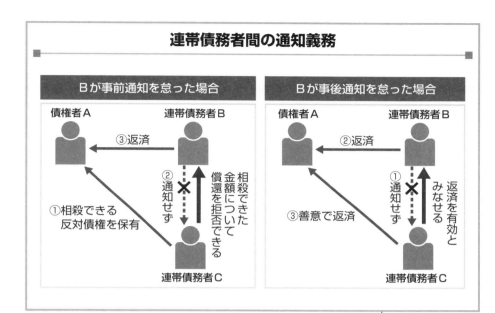

連帯債務者間の通知義務

Bが事前通知を怠った場合

債権者A　連帯債務者B

③返済

②通知せず

①相殺できる反対債権を保有

相殺できた金額について償還を拒否できる

連帯債務者C

Bが事後通知を怠った場合

債権者A　連帯債務者B

②返済

①通知せず

③善意で返済

返済を有効とみなせる

連帯債務者C

■ 連帯債務者間の通知義務

　通知義務について、①他の連帯債務者がいることを知りながら、連帯債務者の1人が弁済をすることを事前に他の連帯債務者に通知しないで弁済をした場合、他の連帯債務者は、相殺できる反対債権があったことなどの債権者に対抗できる事由をもって、求償者に対して償還を拒むことができます。

　また、②弁済をした連帯債務者が、他の連帯債務者の存在を知りながら、弁済をしたことを事後に他の連帯債務者に通知しなかったため、他の連帯債務者が知らないで弁済などをした場合、他の連帯債務者は、自分の弁済が有効であるとみなすことができます。たとえば、ＢＣがＡに対し100万円の連帯債務（負担部分は均等）を負担するときに、ＢがＡに100万円を返済した場合でも、ＢがそれをＣに通知せず、Ｂの返済を知らないでＣがＡに100万円を返済したときは、Ｃは自分の返済が有効であることをＢに主張することができます。

> **連帯債務者間の通知義務**
>
> 本文記載の②について、他の連帯債務者が善意で弁済する場合、免責を得た連帯債務者に事前通知しないと、弁済を有効とみなすことができないというのが、改正前からの判例の見解である。この点は改正法の下でも条文化されていないため、今後も解釈に委ねられることになる。

保証

他人が債務を履行しない場合に代わりに履行する責任を負う制度

■ 保証とは

保証とは、債務者（主たる債務者）が債務（主たる債務）を履行しない場合に、その債務を代わりに履行する義務を負うことをいいます。他人の債務を保証した者（保証人）は、その他人が債務を履行しない場合に、その債務を他人に代わって履行する義務を負います。この義務を「保証債務」、義務を負う人を「保証人」と呼びます。たとえば、AがBから借金をする場合に、Cが保証人になれば、Aが借りたお金を返せなくなったら、代わりにCが返さなければならないというものです。Cが負う債務が保証債務であり、Aの負う債務が主たる債務です。

保証は、保証人という「人」の支払能力を担保とする制度であることから「人的担保」とも呼ばれています。

ただ、主たる債務者が債務を履行しない場合には、保証人は支払能力がある限り保証債務を履行しなければならず、主たる債務が多額であった場合は、保証人に過大な負担を強いることになります。そこで改正民法では、個人保証の制限（132ページ）などの保証制度の大幅な見直しが行われています。

■ 保証債務の性質

保証債務は以下のような性質をもっています。

① 主たる債務とは別個の債務

保証債務は、債権者と保証人との間の契約（保証契約）によって設定されます。主債務者と保証人が保証契約を結ぶわけではありません。ただ、主たる債務の履行を担保するのですか

保証制度の利用例

金融機関から融資を受ける場合や、マンションなどの賃貸借契約、住宅ローンや奨学金の借入れなどに際して広く利用されている。

保証人の資格

契約などにより、債務者が保証人を立てる義務を負う場合には、保証人は行為能力者であり弁済をする資力があることが要件となる。保証人が弁済をする資力を失った場合には、債権者は別の保証人を立てることを請求することができる。しかし、債権者が保証人を指名した場合には適用されない（450条）。

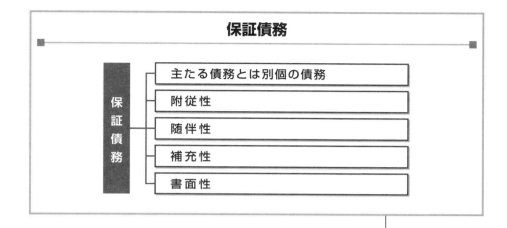

保証債務

| 保証債務 | 主たる債務とは別個の債務 |
| 附従性 |
| 随伴性 |
| 補充性 |
| 書面性 |

ら、主たる債務と密接な関係にあります。

② **付従性**

　保証債務は主たる債務を担保することが目的ですから、主たる債務がなければ成立しませんし、主たる債務が消滅すれば保証債務も消滅します。これを保証債務の付従性といいます。

③ **随伴性**

　保証債務は主たる債務の担保ですから、主債務者に対する債権が債権譲渡などにより移転したときは、保証人に対する保証債権も移転します。これを保証債務の随伴性といいます。

④ **補充性**

　保証人は、主たる債務者がその債務を履行しない場合に初めて、保証債務を履行すればよいとされています。これを保証債務の補充性といいます。具体的には、保証人は、債権者からの請求に対して、まず主たる債務者に請求せよという催告の抗弁権（452条）と、まず主たる債務者の財産に執行せよという検索の抗弁権（453条）をもっています。

⑤ **書面性**

　保証債務の効力が生じるためには、書面（電磁的記録でも可）の作成が必要です（446条2項、3項）。

> **電磁的記録**
> 人の知覚では認識できない方式で作られた記録で、コンピュータによる情報処理をするために作られたもの。メールやCD-ROMなどがこれにあたる。

■ 保証全般に関する通則的な事項

保証全般に関わる通則的な事項について、とくに注意すべき点について見ていきましょう。

① 保証債務の付従性について

民法は、保証契約締結後に主債務が加重された場合であっても、保証債務はその影響を受けない、つまり加重されないことを明記しています（448条2項）。

② 求償権について

保証人が主たる債務者に代わって債務を弁済したときは、主たる債務者に対し、その肩代わりした金銭の償還を求めることができます（求償権）。求償権には、①保証人が主たる債務を弁済するなどして債権者に対する債務が消滅した場合に発生する事後求償権と、②委託を受けた保証人に限り、債務を弁済する前であっても一定の事由が生じた場合に認められる事前求償権という、2種類があります。

委託を受けた保証人が、主たる債務が履行されないので、保証債務を履行した場合、弁済額について求償できます。代物弁済の財産の価額が消滅した主たる債務の金額を超える場合でも、求償できるのは、消滅した主たる債務の金額のみです。委託を受けた保証人が弁済期の前に弁済した場合、弁済当時に主債務者が債権者に対して相殺等の抗弁を持っていたときはその分は求償できませんし、求償権の行使は弁済期の後に限られます。

他方、委託を受けない保証人が求償できる額については、主たる債務者の意思に反しない保証では、弁済当時に主債務者が債権者に対して相殺等の抗弁を持っていた場合はその分は求償できません。また、主たる債務者の意思に反する保証では、求償時に相殺等の抗弁を持っていた場合はその分は求償できません。

③ 保証人の通知義務について

保証人は、債務を弁済する場合は、必ず主たる債務者にその旨を通知する義務があります。これは主たる債務者の弁済の機

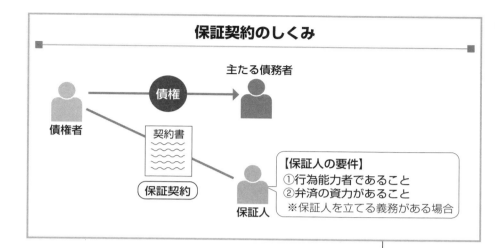

保証契約のしくみ

主たる債務者

債権

債権者

契約書

保証契約

保証人

【保証人の要件】
①行為能力者であること
②弁済の資力があること
※保証人を立てる義務がある場合

会を不当に奪うのを防止するためです。

　保証人が債務を弁済する前に、主たる債務者にその旨を通知する義務を事前通知義務といいます。もし事前通知義務を怠って保証人が弁済した場合には、主たる債務者は、相殺など債権者に対抗できる事由をもって保証人に対抗できます。

　なお、もともと求償権の行使の範囲が制限される委託を受けない保証人に事前通知義務を課する意味はないため、民法は「委託を受けた保証人」だけに事前通知義務を課しています。

　また、保証人が弁済した後も、主たる債務者に通知する義務があります（事後通知義務）。これは主たる債務者が保証人の弁済を知らずに、債権者に弁済することを防ぐためです。もし保証人が弁済後に事後通知義務を怠った場合には、その後に保証人の弁済を知らずに（善意で）弁済した主たる債務者は、その弁済を有効とみなすことができます。なお、事後通知義務は委託の有無を問わず、すべての保証人に課されています。

連帯保証

· ·
債権者は主たる債務者や連帯保証人のいずれに対して
も、直ちに履行の請求ができる

■ 連帯保証債務とは

　普通の保証には、催告の抗弁権や検索の抗弁権があり、お金
を貸した側（債権者）にとっては、必ずしも便利なものではあ
りません。つまり、普通の保証では、第一次的に責任を負うの
は主たる債務者であって、保証人の責任は副次的なものです。
そこで、これらの抗弁権がない（補充性がない）保証債務が利
用されています（454条）。これを連帯保証債務といいます。実
際に締結される保証債務のほとんどが連帯保証です。頼まれて
保証人になったら、主たる債務者が夜逃げをしてしまってひど
い目にあったという話を聞きますが、これは連帯保証の場合が
ほとんどです。

■ 連帯保証人について生じた事由の効力

　①主たる債務者が債権者に対して有する債権で主たる債務を
相殺した場合、②主たる債務者たる会社と債権者たる会社が合
併した場合（混同）、③契約により債権者AのBに対する債権
を消滅させ、新たに第三者CのBに対する債権を発生させる場
合（更改）、④債権者が主たる債務を免除した場合（免除）な
どは、主たる債務は消滅し、これに伴い保証債務も消滅します。
　また、⑤債権者が主たる債務者に訴訟を提起すれば、履行の
請求として時効の完成猶予や更新の効力が生じます。この場合、
保証債務の時効も完成猶予や更新の効力が生じます。
　他方、⑥主たる債務の時効が完成すれば、主たる債務は時効
消滅しますので、保証人は、主たる債務の時効を主張（援用）

**連帯保証人への
請求**

連帯保証には補充性が
ないので、債権者は直
ちに連帯保証人に対し
て、債務の履行を請求
できる。

連帯保証人と主債務者に生じた事由の効力

事由	主債務者に生じた場合	連帯保証人に生じた場合
履行の請求※	絶対的効力	相対的効力
更改	絶対的効力	絶対的効力
相殺	絶対的効力	絶対的効力
免除	絶対的効力	相対的効力
混同	絶対的効力	絶対的効力
時効の完成	絶対的効力	相対的効力

※履行の請求による時効の完成猶予も含む

して、自らの保証債務も消滅させることができます。

このように主たる債務者に生じた事由（履行の請求、更改、相殺、免除、混同、時効の完成）は、連帯保証人にも影響を及ぼします。これを絶対的効力（絶対効）といいます。

問題は、連帯保証人に生じた事由が、主たる債務者に影響を及ぼすかどうかです。改正前民法では、更改、相殺、混同が絶対的効力を持つのと同様に、訴訟提起などの履行の請求についても、連帯保証人に対する履行の請求によって保証債務の時効が中断されると、履行の請求の絶対的効力によって主たる債務の時効も中断するとしていました。

しかし、改正後は、訴訟提起などの履行の請求は、相対的効力（相対効）にとどまると改められました。つまり、連帯保証人が履行の請求を受けても、主たる債務の時効の完成猶予や更新の効力は生じないというわけです。したがって、連帯保証人に生じた事由のうち、更改、相殺、混同のみが主たる債務者に影響を及ぼし（絶対的効力）、それ以外の事由は影響を及ぼさない（相対的効力）ことになります。

履行の請求の効力

連帯保証人に生じた履行の請求は主たる債務者に及ばないのに対し、主たる債務者に生じた履行の請求は連帯保証人に及ぶという違いに注意。後者は保証債務の付従性に基づくものと考えられる。

個人保証の制限

■ 何が問題なのか

　個人保証とは、個人が保証人になることです。中小企業が事業資金を金融機関から借り入れる際、経営者やその親族などの個人保証を求められる場合は多いといえます。個人の保証人が自分の支払能力では弁済しきれないような予想外に多額の保証債務を負い、保証人の生活が破たんすることも少なくありません。そこで、改正民法では、個人保証の要件などの規制を強化し、個人の保証人の保護を図っています。具体的には、①事業資金の借入れについての第三者の個人保証の場合に公正証書により保証意思を確認することを義務付けたこと、②事業資金の借入れの保証契約締結時や期限利益喪失時などに個人の保証人への情報提供を義務付けたこと、③借入れなどの保証だけでなく賃貸借などの保証についても根保証の規制対象としたことなどが挙げられます。本項では、①について見ていきます。

■ 契約前に公正証書の作成が必要である

　経営とは無関係の第三者である個人が「事業のために負担した貸金等債務」を保証する場合、保証契約に先立ち、保証債務を履行する意思（保証意思）を確認するため、公正証書の作成が義務付けられています。これは保証契約や根保証契約そのものを公正証書で作成することを要求するものではなく、保証意思を確認するための公正証書です。

　そして、保証意思を確認する公正証書は、保証契約の締結日前1か月以内に作成しなければならず、公正証書を作成せずに

個人根保証契約

不動産の賃貸借契約に基づく賃借人の債務について個人が保証人となるような「個人根保証契約」を締結する場合は、極度額を定めなければならない。極度額を定めない個人根保証契約は無効になる。なお、賃借人の債務の保証は、定期的に発生する賃料だけでなく、原状回復に係る債務や損害賠償債務などにも及ぶ不特定の債務なので、一定の範囲に属する不特定の債務を主たる債務とする「根保証契約」に該当する。

公正証書の作成手続き

民法465条の6第2項で詳細に規定している。

個人保証の契約締結時の公正証書と情報提供義務

	債務者の委託を受けない場合	債務者の委託を受ける場合
①事業のために負担した貸金等債務を個人が保証	公正証書必要 情報提供義務なし	公正証書必要 情報提供義務あり
②事業のために負担した貸金等債務の保証人の債務者に対する求償権に係る債務を個人が保証	公正証書必要 情報提供義務なし	公正証書必要 情報提供義務あり
③事業のために負担した債務を個人が保証・根保証（①②を除く）	公正証書不要 情報提供義務なし	公正証書不要 情報提供義務あり

公正証書：保証人が契約締結日前1か月以内に保証意思を確認する公正証書を作成する義務
情報提供義務：債務者が自己の返済資力について保証人に説明する義務

した保証契約は無効となります。

公証人によって保証意思を確認する制度にしたのは、経営とは無関係の第三者である個人が保証人となる場合、往々にして、経営者などの依頼に応じて、詳しい事情を把握せずに安易に保証人になってしまい、運悪く事業が失敗した場合は、予想外に多額の保証債務を負うことが多いためです。他方、経営者などの主たる債務者と一定の関係にある個人が保証人となる場合（経営者保証）には、公正証書の作成は不要です。具体的には、主たる債務者が法人の場合は、その取締役など、主たる債務者が個人事業主の場合は、その共同事業者、債務者の事業に従事する配偶者などが保証人となる場合は、公正証書による保証意思の確認は不要です。経営者などの個人保証については、モラルハザードの観点からの必要性や、他に担保となる物がない場合に信用を補完し、比較的小規模の事業者でも融資を受けられるという有用性がありますので、民法によって過度に規制すべきでないと考えられています。

保証人の債務者に対する求償権に係る債務を個人が保証する場合とは

たとえば、銀行から借入れをする際に信用保証協会の保証を付けた場合、万一返済できないときは、信用保証協会が保証人として銀行に代位弁済する。信用保証協会は主債務者に求償権を行使することになるが、図の②の場合とは、この主債務者の求償債務について別の個人が保証している場合である。

情報提供義務

一定の情報について正確に保証人に対して提供される
必要がある

■ 情報提供義務は保証人の保護が目的

「絶対に迷惑をかけないから」などと、知人に頼まれ保証人
を引き受けた人の多くは、将来自分がどのくらいの債務を負担
する可能性があるのかを知らず、主たる債務者が破たんして初
めて、返済不能な高額の債務を負担させられていたことに気づ
き、経済生活の破たんに追いやられるケースは少なくありませ
ん。そのため、将来自分がどのくらいの債務を負担することに
なるのかや、保証しようとする主たる債務者の資力を知ること
で、リスクを把握し、安易な保証の引き受けを防止することが
できます。

そこで改正民法では、①保証契約締結時、②保証人から請求
を受けた場合、③主たる債務者が期限の利益を喪失した場合に、
主たる債務者の財産状況や履行状況などの情報の保証人への提
供を義務付ける規定を新たに設けています。

■ 保証契約締結時の情報提供義務

主たる債務者は、事業のために負担する債務の保証を委託す
る場合、委託を受けて保証人になろうとする個人に対し、自ら
の返済資力に関する情報を提供しなければなりません。具体的
に提供すべき情報は、①主たる債務者の財産および収支の状況、
②主たる債務以外に負担している債務の有無・額および履行の
状況、③主たる債務の担保として他に提供し、または提供しよ
うとする物の有無およびその内容の3つです。

保証契約締結時の情報提供義務に違反して、主たる債務者が

保証人に対する情報提供義務

提供義務者	個人保証		法人保証	
	委託を受けた保証人	委託を受けない保証人	委託を受けた保証人	委託を受けない保証人
保証契約締結時の 情報提供義務　債務者	○	×	×	×
主たる債務の履行 状況の情報提供義務　債権者	○	×	○	×
期限の利益喪失に ついての情報提供義務　債権者	○	○	×	×

○：情報提供義務が発生する ／ ×：情報提供義務が発生しない

情報の提供を怠ったり、不実の情報を提供した場合、これにより誤認して契約の申込みや承諾をした保証人は、債権者が悪意または有過失である限り、保証契約を取り消すことができます。

■ 履行状況についての情報提供義務

委託を受けた保証人からの請求があれば、債権者は遅滞なく、主たる債務の履行状況についての情報を提供しなければなりません。そこで、情報提供を請求できるのは委託を受けた保証人に限られますが、事業のために負担する債務の保証に限らない他、法人の保証人も対象ですので注意が必要です。

■ 期限の利益喪失についての情報提供義務

改正民法では、主たる債務者が支払いを怠り、期限の利益を喪失した場合には、債権者は、主たる債務者が期限の利益を喪失したことを知った時から2か月以内に、個人である保証人に対し、その旨を通知しなければなりません。もし、期間内の通知を怠った場合は、期限の利益喪失から現に通知するまでの間に発生した遅延損害金を保証人に請求できなくなります。

履行状況の情報提供をしない場合

履行状況の情報提供をしなかった場合の効力については明文上規定されていないが、債務不履行に基づく損害賠償責任が発生する可能性があると解されている。

期限の利益喪失の情報提供

期限の利益喪失に関する情報を通知すべき相手方は、個人である保証人に限定されるが、これには委託を受けていない保証人も含まれる。

情報提供義務の範囲

履行状況や期限の利益喪失についての情報提供義務は、事業のために負担する債務の保証に限らないので注意が必要。

根保証

極度額を定めない個人根保証契約は無効になる

■ 根保証とは

　根保証とは、特定の債権者との継続的な取引関係から生じる、一定の範囲に属する不特定の債務を保証する契約のことです。

　たとえば、会社を経営する知人Xから頼まれ、A銀行からの融資金100万円の保証人を引き受けた場合、通常の保証であれば、Xが100万円を完済した時点で、保証人の責任も消滅します。しかし、保証契約書に「極度額1000万円、元本確定期日を3年後」と記されていた場合は、Xが100万円を返済しても保証人の責任は消滅せず、極度額の範囲内で、元本確定期日までにXが借り入れた別の債務についても保証責任を負わなければならなくなります。

　根保証は、一度の契約で将来にわたる複数の契約（複数の貸し借り）を保証することから、保証される債権者側には使い勝手のよい契約である一方で、保証人側は過酷な負担を強いられることになりかねません。そこで民法改正前から、借入れなどの貸金等債務の根保証については、極度額（保証額の上限）を定めることを根保証の効力要件とし、一定期間の経過や主たる債務者や保証人の死亡や破産などの一定の事由により、主たる債務の元本が確定することとされていました。

　しかし、保証人が過大な保証債務を負うおそれは根保証全般にありますので、改正民法では、貸金等債務の保証に限定せず、個人が保証人となる根保証契約を「個人根保証契約」として、同様の規制を設けました（465条の2）。

　なお、元本の確定に関しては、貸金等債務とそれ以外の債務

根保証の問題点

本文のケースでたとえ3年後に借入金が1000万円に膨れ上がっていたとしても、それを保証する責任を負わされてしまう。

借入金の総額

元本確定期日までに行われた新たな融資等について、保証人に通知されることはない。そのため、元本確定期日が到来するまで、保証人は借入金の総額を知ることはできない。

改正前の規定

平成17年の民法改正で、極度額と保証期間を定めない保証契約は「包括根保証」として禁止された。ただし、包括根保証の禁止が及ぶのは、貸金等債務が含まれる保証を主たる債務とする根保証契約に限定されていた。

極度額

元本や利息、違約金や損害賠償など、保証債務に含めて最大限、保証人が負う可能性のある上限額。契約途中で賃料が増額されても、極度額に影響は及ぼさない。

個人根保証に関する規律

一定の範囲に属する不特定の債務を主たる債務とする個人が保証人となる保証契約が個人根保証である

（例）賃借人の債務を個人が保証する契約

個人根保証は極度額を書面または電磁的記録で定める

⇒ 定めていない個人根保証は無効となる

個人根保証は保証人の破産手続開始の決定が元本確定事由の１つとなる

⇒ 個人貸金等根保証は債務者の破産手続開始の決定も元本確定事由となる

とでは扱いが異なります。

■ 賃借人の債務を保証する場合も極度額の定めが必要

　たとえば、マンションの賃貸借契約に際し、賃借人の債務を保証したとします。賃借人の債務は、未払賃料だけでなく、原状回復に関する債務など多岐にわたるため、これを保証する債務も特定が困難です。そのため、賃借人の債務の保証は根保証に該当します。個人根保証の場合は、保証契約の締結時において、保証人が負担する上限の金額（極度額）を定めなければなりません。また、主たる債務者（上記の例では賃借人）や保証人の死亡により主たる債務の元本は確定し、保証人が破産した場合も元本が確定します。主たる債務者が破産しても元本は確定しません。

　これに対し、貸金等債務の根保証の場合は、主たる債務者の破産も元本確定事由になります。また、貸金等債務の根保証の場合は、元本確定期日の定めがなくても根保証契約締結時から３年が経過すれば元本が確定します。

公正証書の作成が必要な場合

個人が事業のために負担する貸金等債務を含む根保証（個人貸金等根保証）をする場合は、保証意思を明確にするための公正証書の作成が必要である（132ページ）。

債権譲渡

譲渡制限特約違反の債権譲渡であっても原則として譲受人に債権が移転する

**債権譲渡が
用いられる目的**

債権譲渡は、その債権
の弁済期前に売却して
金銭を入手するために
行われたり、手もとに
資金がないときの弁済
手段としてなされた
り、また、金融を受け
るための担保のために
譲渡することもある。
債権譲渡はとくに企業
間取引で広く活用され
ている。たとえば、債
権を売却して資金を得
る、債権を担保に供し
て融資を受けるＡＢＬ
（流動資産担保融資）
など、債務者が有する
債権を譲り受けて債権
回収を図る、などの目
的で活用されている。

**将来債権の譲渡に
関する法的性質**

将来債権の譲渡は、譲
渡人から譲受人の元に
移転するものと考える
のか（さらに、いつ移
転したと考えるのか）、
それとも譲受人の下で
当該債権が発生するも
のと考えるのか、とい
う法的性質は、改正民
法では明確にされてい
ないため、解釈に委ね
られている。

■ 債権譲渡とは

　債権譲渡は、債権を、その同一性を変えることなく第三者に移転することで、譲渡人（旧債権者）と譲受人（新債権者）との契約によってなされます。民法は、当事者間では合意だけで権利が移転しますが、それを第三者に主張（対抗）するには、後述のように通知・承諾などの対抗要件が必要である（対抗要件主義）と規定しています（467条1項）。

　債権譲渡は原則として自由にでき（債権譲渡自由の原則）、例外として、性質上譲渡を許さない債権の譲渡は、その効力が生じません（466条1項）。また、「当事者が債権の譲渡を禁止し、または制限する旨の特約」（譲渡制限特約）に違反する債権譲渡であっても、「その効力を妨げられない」と規定しています（466条2項）。ただし、譲受人が譲渡制限特約について悪意または重過失により知らなかったときは、債務者は、譲受人に対する弁済を拒むことができ、譲渡人に対する弁済をもって譲受人に対抗することができます（466条3項）。

■ 将来債権の譲渡は有効である

　将来債権とは、現在は発生していないが、将来に発生する予定がある債権のことです。たとえば、賃貸人Ａ（譲渡人）が、賃借人Ｂ（債務者）から毎月支払われる予定の賃料債権を、Ｃ（譲受人）に譲渡することが挙げられます。

　民法は、「債権の譲渡は、その意思表示の時に債権が現に発生していることを要しない」（466条の6第1項）と規定して、

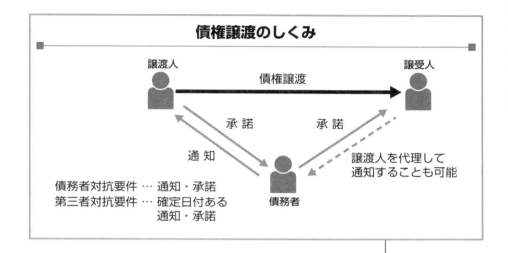

債権譲渡のしくみ

譲渡人 ──債権譲渡──→ 譲受人

承諾　　　承諾

通知　　　　　　　譲渡人を代理して
通知することも可能

債務者対抗要件 … 通知・承諾
第三者対抗要件 … 確定日付ある
通知・承諾

債務者

将来債権の譲渡が有効であることを明確にしています。

■ 債権譲渡の対抗要件が問題となるケース

　たとえば、賃貸人A（譲渡人）が、賃借人B（債務者）に対する未払いの賃料債権を、CおよびDに譲渡したとします。CとDの双方がBに対して賃料支払請求をしてきた際に、Bがどちらに未払賃料を支払うべきか、言い換えると、どちらが未払賃料の支払いを受けることができるか、というのが債権譲渡の対抗要件の問題です。

　債権譲渡（将来債権の譲渡を含む）の対抗要件は、譲渡人から債務者への債権譲渡の通知（譲受人が譲渡人を代理して通知することも可能）、または債務者による債権譲渡の承諾（相手方は譲渡人・譲受人を問わない）であると規定されています（467条1項）。

　このとき、債務者に対抗するには、通知・承諾の方式を問いません（債務者対抗要件）。しかし、債務者以外の第三者に対抗するには、確定日付のある証書（内容証明郵便など）による通知・承諾によらなければなりません（第三者対抗要件、467条2項）。

将来債権の譲渡
に関する対抗要件

将来債権の譲渡の対抗要件が、通知または承諾（第三者対抗要件は確定日付のある証書による）である（467条）ことは、既存の債権と変わりがない。法人の場合は、「動産及び債権の譲渡の対抗要件に関する民法の特例等に関する法律」（動産・債権譲渡特例法）に基づき、債権譲渡ファイルへの記録によって第三者対抗要件を備えることができることも、同様である。

債権譲渡と相殺

債権譲渡の対抗要件を備える前の原因に基づいて反対債権を取得していた場合は相殺できる

■ 債権譲渡と相殺が問題となるケース

たとえば、A（譲渡人）がB（債務者）に100万円の甲債権を有し、BがAに100万円の乙債権を有する場合、Aが甲債権をC（譲受人）に譲渡した後、Bは乙債権（反対債権）を、甲債権と相殺ができるか、というのが「債権譲渡と相殺」の問題です。

債権譲渡の通知を受ける前から債権者に対して反対債権を有していた債務者は、両債権の弁済期の先後を問わず、相殺ができるとした判例があります。前述のケースにあてはめると、甲債権の譲渡通知を受ける前に、Bが乙債権（反対債権）を取得している場合には、Bは、乙債権と甲債権を受働債権とする相殺ができることになります。

民法は、判例の見解を基本として、「債務者は、対抗要件具備時より前に取得した譲渡人に対する債権による相殺をもって譲受人に対抗することができる」（469条1項）ことを条文化しています。そこで、対抗要件具備時を基準として、それより前に譲渡人に対する債権（反対債権）を取得した債務者は、弁済期の先後を問わず、反対債権による相殺を譲受人に主張できることになります。

■ 対抗要件具備後に反対債権を取得した場合

改正民法では、対抗要件具備時より後に債務者が取得した譲渡人に対する債権（反対債権）が、①対抗要件具備時より「前の原因」に基づいて生じた債権、または②「譲受人の取得した

債権譲渡と相殺の問題と類似の問題

債権譲渡と相殺に関する問題は、差押えと相殺の問題と類似しているため、いっしょに論じられることが多い論点である。

債権譲渡と相殺の問題における対抗要件

債権譲渡と相殺の問題は、債務者以外の第三者（二重譲渡の譲受人など）との関係は問題にならない。したがって、ここでいう対抗要件は、債務者対抗要件で足りる。

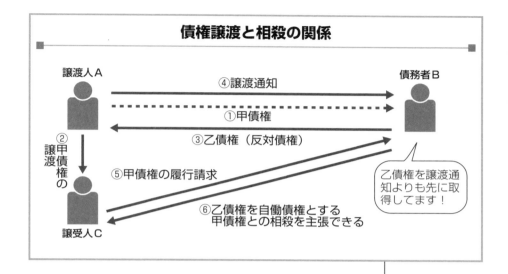

債権譲渡と相殺の関係

譲渡人A
④譲渡通知
①甲債権
③乙債権（反対債権）

②甲債権の譲渡

⑤甲債権の履行請求

⑥乙債権を自働債権とする
甲債権との相殺を主張できる

譲受人C

債務者B

乙債権を譲渡通
知よりも先に取
得してます！

債権の発生原因である契約」に基づいて生じた債権である場合
は、反対債権による相殺をもって譲受人に対抗できる旨を条文
化しました（469条2項）。これは債務者による相殺の期待利益
の保護を重視したものです。

　ただし、①または②にあてはまる反対債権であっても、その
反対債権が対抗要件具備時より後に他人から取得したものであ
る場合は、反対債権による相殺によっても譲受人に対抗できま
せん（469条2項ただし書）。①または②にあてはまらない場合
は、もちろん対抗要件具備後に取得した反対債権による相殺を
譲受人に対抗できません。

　たとえば、Aの債務者Bが、AC間の債権譲渡の対抗要件具
備前の譲渡人Aの不法行為を原因として、対抗要件具備後にA
に対する損害賠償債権（治療費など）を取得した場合、不法行
為が①の「前の原因」に該当するため、Bは損害賠償債権との
相殺を譲受人Cに対抗できます。

債務引受

第三者が債務を引き受けることができる

■ 債務引受とは

　債務引受とは、債務者の債務をその同一性を保ったまま第三者が引き受けて、第三者が債権者に対して債務を履行する義務を負うことをいいます。たとえば、AがB事業資金としてB銀行から1,000万円を借りた場合を考えてみましょう。AはB銀行との金銭消費貸借契約に基づき、借入金を返済する義務（債務）を負っています。AはCに事業を譲渡する際、借入金の債務もCに引き受けてもらうことになりました。そこで、B銀行、A、Cの三者間で協議して債務引受を行うことになりました。

　債務引受により、CはAが負っていた債務と同一の債務を負います。ここで、Aも引き続き債務を負っている場合を併存的債務引受というのに対して、Aの債務が消滅して債権債務関係から解放される場合を免責的債務引受といいます。そして、Aの債務の履行を引き受けたCのことを引受人といいます。

　改正前の民法は債務引受の規定が存在しませんでした。しかし、判例や学説はいずれの類型の債務引受も認めていました。改正後の民法は、判例や学説の見解を踏まえて、実務上認められている債務引受を明文化しています。

■ 併存的債務引受とは

　併存的債務引受は、債権者と引受人との間で、引受人が債務者と同一の債務を引き受けることについて合意することで成立し、直ちにその効力も生じます（470条2項）。他方、債務者と引受人との間で同様の合意をすることによっても併存的債務引

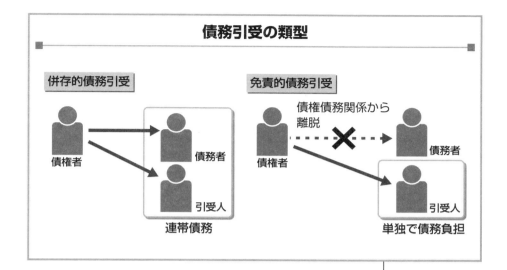

債務引受の類型

併存的債務引受

債権者 → 債務者
債権者 → 引受人

連帯債務

免責的債務引受

債権債務関係から離脱

債権者 ✕→ 債務者
債権者 → 引受人

単独で債務負担

受は成立しますが、この場合は債権者から引受人に対して承諾があった時に効力が生じます（470条3項）。

　併存的債務引受が成立することによって、引受人は債務者と同一の債務を負い、引受人の債務と債務者の債務は連帯債務となります（470条1項）。したがって、債権者は引受人と債務者のいずれに対しても債務の全部または一部の履行を請求することができます（432条）。併存的債務引受が行われる目的は、債権を担保することにあるといえます。つまり、債権者側からすれば、債務者の他に引受人が現れたことにより持っている債権について、責任財産が増加することを意味します。一般的な保証債務において認められる付従性や補充性が問題になることはありませんので、その意味では、保証よりも強力な人的担保ということもできるのです。

　また、引受人の債務と債務者の債務は連帯債務であることから、引受人が債務を履行した場合、引受人は債務者に対して求償権を取得します。求償権の内容も連帯債務の規律に従うことになります。具体的には、引受人と債務者の債務負担割合に応

三面契約

明文規定はないが、債務引受は併存的・免責的を問わず、実際には、債権者・債務者・引受人の三者の合意により行うのが基本である。

じた求償権が発生します（442条）。

なお、引受人は、併存的債務引受の効力発生時に債務者が債権者に対して主張できた抗弁をもって、債権者に対抗できます（471条1項）。ただし、債務者が主張できた取消権や解除権は行使できず、引受人はこれらを根拠として履行の拒絶ができるにとどまります（471条2項）。

■ 免責的債務引受とは

免責的債務引受は、債権者と引受人との間で、引受人が債務者の債務を引き受けることについて合意することで成立します。ただし、この場合は債権者から債務者への通知が行われた時に効力が発生します（472条2項）。また、債務者と引受人との間で同様の合意をすることによっても成立します。この場合は、債権者が関知しないまま債務者が交代して債権者の利益が害されることを避けるため、債権者から引受人に対する承諾があった時に効力が発生するようになっています（472条3項）。

免責的債務引受が成立することによって、引受人が債務者の債務を引き継ぐとともに、債務者は債務から免れることになります。このように、免責的債務引受では債務者が債務から解放されることが制度的に期待されているため、債務を履行した引受人から債務者への求償権は認められていません（472条の3）。免責的債務引受が持っている機能としては、簡易な債権の決済機能を挙げることができます。債務者は引受人が現れたことにより、債権債務関係から離脱することになりますが、それはつまり、その債務者との間では、債権を決済することを意味するためです。

なお、免責的債務引受がなされる前の債務に担保権（担保物権や保証人）が設定されていた場合、債権者は、免責的債務引受と同時にまたはそれより前に、引受人に対する意思表示によって、担保権や保証を引受人の債務を担保するものとして移

免責的債務引受における引受人が主張できる抗弁についての取扱い

改正後の民法の下では、本文記載の併存的債務引受の場合と同様、免責的債務引受の場合でも、債務者が債権者に対して主張できた抗弁をもって、引受人は債権者に対抗でき、債務者が有する取消権や解除権をもって、引受人は債務の履行を拒絶できる（472条の2）。

免責的債務引受について担保権負担者の承諾を要する場合

担保権を負担する物上保証人や第三取得者（担保財産の取得者）が引受人の場合は承諾を要しないが、物上保証人や第三取得者が引受人でない場合は、これらの者の承諾を要する（472条の4第1項ただし書）。

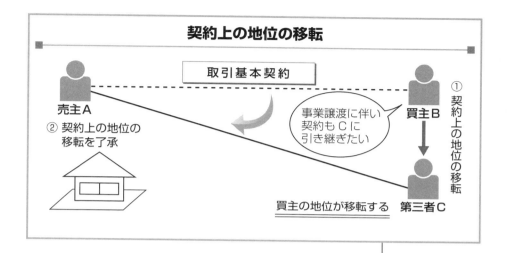

契約上の地位の移転

取引基本契約

売主A

② 契約上の地位の
移転を了承

事業譲渡に伴い
契約もCに
引き継ぎたい

買主の地位が移転する

買主B

① 契約上の地位の移転

第三者C

転させることができます（472条の4第1項～第3項）。ただし、保証を移転する時は、保証人の書面（電磁的記録でも可能）による承諾が必要です（472条の4第4項、第5項）。

■ 契約上の地位の移転に関して

契約上の地位の移転とは、契約の当事者の一方が第三者に対して契約上の地位そのものを譲渡することをいいます。たとえば、BはAから継続的に部品を購入するため、Bとの間で取引基本契約を結んでいました。しかし、BはCに事業を譲渡し、Cに取引基本契約上の買主の地位をそのまま移したいと考えました。Aもそれを了承し、CがBから買主の地位を引き継いだ場合、契約上の地位の移転があったことになります。契約上の地位の移転は、改正前から実務上は存在しているものですが、明文規定がなかったため、改正後の民法により明文化されました。具体的には、契約の当事者の一方が第三者との間で契約上の地位を譲渡する旨の合意をして、契約の相手方がそれを承諾した場合に、契約上の地位が移転すると規定されています（539条の2）。

電磁的記録

人の知覚では認識できない方式で作られた記録で、コンピュータによる情報処理をするために作られたもの。メールやCD-ROMなどがこれにあたる。

弁済

債権の給付内容が実現されると債権は消滅する

■ 弁済が債権消滅原因である

弁済とは、借金の返済や物品の引渡しなど、債務者または第三者が債権の給付内容を実現して債権を消滅させることです。つまり、借りたお金を返したり、売った物を引き渡すことで、債権の目的が実現し、債権債務関係を消滅させることになります。このように、債権の給付内容を実現させる債務者または第三者の行為が弁済にあたります。普通、お金を返すことを返済といっていますが、民法に規定される弁済は、お金を返すことばかりではありません。

弁済は債権消滅事由のひとつですが、改正前はこれを明確にする規定が存在しませんでした。改正後の民法では、「債務者が債権者に対して債務の弁済をしたときは、その債権は、消滅する」（473条）と規定し、弁済が債権消滅事由のひとつである旨が明確にされています。

ほとんどの債権の場合は、当然のことながら、弁済を完了させるためには債権者が受け取ってくれなければなりません。ただ、相手が行方不明であったり、わざと受け取らない場合などには、債務者は弁済ができないことになります。その場合には、債務者側で行うことのできる必要な準備行為をして、債権者の受領を求めるところまでいけば、少なくとも履行遅滞の責任は生じません（492条）。これを弁済の提供といいます。

債務者は給付内容を給付場所に持参して受領を求めれば、弁済の提供があったことになります（493条本文）。これが現実の提供です。また、債権者があらかじめ受領を拒んだ場合には、

弁済と履行

民法では、弁済とともに履行という言葉もよく使用される。弁済と履行は同様の意味をさすが、弁済は、一定の給付が行われることによって、債権が消滅する時点を想定した用語である。これに対して、履行とは債権の内容を実現するために行われる、給付自体をさす用語として、一応区別されている。

現実の提供

原則として「弁済の提供は、債務の本旨に従って現実にしなければならない」（493条本文）。これを現実の提供という。

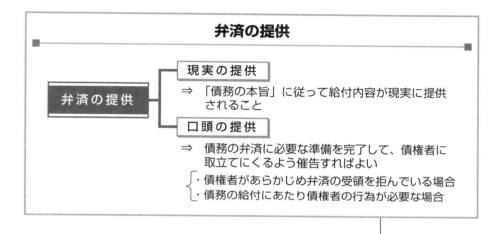

弁済の提供

弁済の提供	現実の提供
	⇒ 「債務の本旨」に従って給付内容が現実に提供されること
	口頭の提供
	⇒ 債務の弁済に必要な準備を完了して、債権者に取立てにくるよう催告すればよい
	・債権者があらかじめ弁済の受領を拒んでいる場合
	・債務の給付にあたり債権者の行為が必要な場合

債務者は債務の弁済に必要な準備を完了して、債権者に取立てにくるよう催告（請求）すれば、弁済の提供の効果が認められます（493条ただし書）。これを口頭の提供といいます。債権者が受領を拒絶するという態様は黙示でもよいと解されています。そして、「弁済に必要な準備」とは、一般的には債権者が翻意して、債権を受領しようと考えたときに、いつでも受領できる体制を整えておくことです。とくに債権の内容が物の引渡しである場合には、実際の引渡しに必要な保管や、人員体制を整備しておかなければなりません。

受領拒絶の典型例

債権者の受領拒絶の典型例としては、建物の賃貸借契約において、賃貸人が賃料の増額を希望している場合に、増額した賃料でなければ、賃借人が支払おうとする賃料の受領を受け付けないという場合などが挙げられる。

■ 代物弁済が諾成契約であることを明示

　代物弁済とは、弁済者と債権者との間で、債務者の負担した給付に代えて他の給付をして債務を消滅させる旨の契約（代物弁済契約）をすることです。「弁済者が当該他の給付」をすることが「弁済と同一の効力を有する」ため（482条）、これにより債権が消滅します。たとえば、Aが借金を返済する代わりに、自己所有の不動産をBに引き渡して借金を消滅させる旨の契約をAB間で行うことです。Aが当該不動産をBに引き渡すことで、Aの借金が消滅します。

弁済者

弁済をすることができる債務者や第三者のこと。

従来は、代物弁済契約が諾成契約であるか、または要物契約であるかが不明確でした。改正により、代物弁済契約が「諾成契約」であることが明確になり、他の給付がなされた時に債権が消滅することになりました。さらに、代物弁済の一方当事者を「債務者」（改正前482条）から「弁済者」に変更し、弁済ができる第三者も代物弁済の当事者となることを明記しました。

■ 第三者も弁済ができるのが原則

弁済できるのは何も債務者本人だけとは限りません。第三者が債務者のために弁済することも可能です。これを第三者弁済といいます（474条）。なお、改正前民法の下では、債務の性質上第三者が弁済できないものや、当事者が反対の意思を表示している場合は弁済できないとしていました。

改正民法では、改正前とほぼ同じ規定を置いています。つまり、第三者弁済は原則として有効ですが（474条1項）、債務の性質が第三者弁済を許さないとき、または当事者が第三者の弁済を禁止・制限する旨の意思表示をしたときは、第三者弁済が無効となります（474条4項）。

また、他人の債務を担保するために自分の所有物に担保を設定する物上保証人のように第三者弁済を行うことについて「正当な利益」を持つ者は、当事者の意思に反して弁済をすることができますが、「正当な利益」を持たない第三者は、「債務者」の意思に反することを知らなかった場合を除き、「債務者」の意思に反して弁済をすることはできません（474条2項）。そして、「正当な利益」を持たない第三者は、債務者の委託を受けて第三者弁済をすることを債権者が知っていた場合を除き、「債権者」の意思に反して弁済をすることはできません（474条3項）。

従来は「利害関係を有しない第三者」（改正前474条2項）と規定していましたが、これは弁済による代位に関する民法500

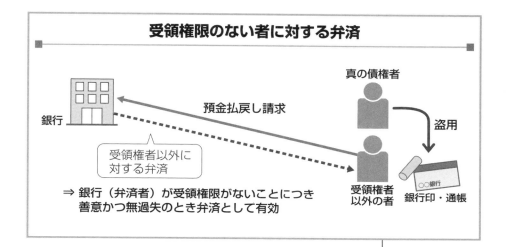

受領権限のない者に対する弁済

銀行

預金払戻し請求

真の債権者

盗用

受領権者以外に
対する弁済

受領権者
以外の者

銀行印・通帳

⇒ 銀行（弁済者）が受領権限がないことにつき
善意かつ無過失のとき弁済として有効

条の「正当な利益を有する者」と同じ意味である（法律上の利
害関係を有する者を意味する）と解されていましたので、改正
により、用語が統一されました。

■ 受領権限のない者に対する弁済

　たとえば、預金通帳と銀行印を盗んだ者が、銀行の窓口で何
食わぬ顔をしてお金を引き出す場合のように、債権者らしい外
観を持って現れるような場合があります。本人確認など、金融
機関として要求される水準の注意義務を尽くした上でも、銀行
が預金者ではないことを見破ることができず、払戻しに応じて
しまう場合もあり得ます。

　このように弁済の受領権限があるかのような外観を信頼して
行われた弁済は、本来無効ではあるものの、一定の保護が必要
といえます。そこで、民法は、「受領権者以外の者であって取
引上の社会通念に照らして受領権者と認められる外観を有する
もの」に対する弁済は、弁済者が善意かつ無過失のときに有効
となると定めています（478条）。

> **受領権者**
>
> 改正民法では、受領権者を「債権者及び法令の規定又は当事者の意思表示によって弁済を受領する権限を付与された第三者」と定義づけている。

弁済の方法

弁済の方法・時間・場所等に関する規定が置かれている

■ 弁済の方法

弁済の方法に関しては、次のような民法の規定があります。

① 特定物の現状引渡しができる場合（483条）

中古車などの特定物の引渡しである場合は、契約内容や取引上の社会通念に照らして品質を定めることができる場合を除き、引渡しの時点での「現状」で引渡しをするものと定めています。

② 預貯金口座への振込みによる弁済（477条）

口座振込みによる弁済の効力は、債権者が「払戻しを請求する権利を取得した時」に発生します。

③ 弁済の場所・時間（484条）

弁済の場所に関して、合意があればそれに従いますが、特段の合意がなければ、特定物の引渡しは、特定物の所在地で、その他の弁済は、債権者の住所地で行うものと定めています。

④ 弁済の提供について（492条）

弁済の提供とは、債務者として弁済に必要な行為をして、債権者の協力を求めることです。弁済の提供により、債務者は、履行遅滞の責任を免れることになります。弁済を提供したのに、弁済を受領しないのは債権者側の責任であるからです。

なお、弁済者は、弁済と引き換えに、受領者に受取証書の交付を請求することができます（486条）。

■ 弁済の充当

弁済の充当とは、弁済者が1個または数個の債務の全部を消滅させるのに足りない給付をしたときに、いずれの債務の給付

特定物の現状引渡しに関して

改正民法の下では、本文記載の条文が置かれたことにより、契約や取引上の社会通念などで引渡し時の品質を定めることができる場合は、それに従うべき（定められた品質の特定物を引き渡すべき）ことが明確になった。

弁済の時間

弁済の時間に関して改正法は、改正前の商法520条を取り入れて、「法令又は慣習により取引時間の定めがあるときは、その取引時間内に限り、弁済をし、又は弁済の請求をすることができる」との規定を追加した。これにより、商法520条は削除された。

弁済の方法に関する規律

特定物の現状引渡しができる場合が限定される

➡ 契約などの発生原因や取引上の社会通念に照らして品質を定めることが
できない場合に限定

預貯金口座への振込みによる弁済の効力発生時

➡ 払込みに係る金額の払戻しを請求する権利の取得時に弁済の効力発生

弁済の場所・時間に関する規律

➡ 法令・慣習で取引時間の定めがある場合は、取引時間内に限り弁済
または弁済請求ができる。また、弁済場所は、特段の合意がない限り、
特定物の引渡しは特定物の所在地、その他の弁済は債権者の住所地
となる。

に充てるべきかという問題です。なお、数個の債務の場合は、同一の債権者に対して同種の給付を目的とする数個の債務を負担するときに限り問題となります（488条1項、489条1項）。たとえば、売買代金債務と貸金債務という同じ金銭債務の履行として、弁済者が金銭の支払い（同種の給付）をした場合に、弁済の充当が問題となります。

まず、①当事者の合意（充当すべき債務の指定）があれば、その合意に従います（合意充当、490条）。次に、当事者の合意がなければ、②弁済者が給付時に指定を行うことができます（488条1項）。弁済者の指定がなければ、③受領者が受領時に指定を行うことができます（488条2項）。

②③を指定充当といいます。そして、当事者の合意も指定もなければ、④民法の規定に従って充当を行います（法定充当）。たとえば、債務の中に弁済期にあるものとないものがあるときは、弁済期にあるものに先に充当します（488条4項1号）。また、債務について元本の他に利息や費用を支払うべき場合は「費用→利息→元本」の順に充当します（489条1項）。

■ 弁済目的物の供託（弁済供託）とは

弁済目的物の供託は、単に供託と呼ばれることが多く、弁済者が債権者のために弁済の目的物を供託所に預けて、その債務を免れる（債権者の債権を消滅させる）制度です。たとえば、AがBに対する100万円の貸金債務を弁済しようとしましたが、Bがその受領を拒絶した場合、Aは供託所に100万円を預けることで、Bの貸金債権を消滅させることができます。

弁済者は、以下の①～③のいずれかに該当する場合に、債権者のために弁済目的物の供託ができます。前述のケースはBが受領を拒絶しているので、①に該当します。

①　弁済の提供をしたが、債権者が受領を拒んだとき。

②　債権者が弁済を受領することができないとき。

③　弁済者が債権者を確知することができないとき。

■ 自助売却とは

自助売却とは、弁済者が裁判所の許可を得て、弁済目的物を競売に付して、その代金の供託ができる制度です。弁済者は、以下の①～④のいずれかに該当する場合に、自助売却を行うことができます。改正後は④が追加されたため、自助売却を行えるケースが広がったということができます（497条）。たとえば、弁済目的物が生鮮食品のときは①または②に該当し、自助売却が認められると考えられます。

①　弁済目的が供託に適しないとき。

②　弁済目的物に滅失、損傷その他の事由による価格の低落のおそれがあるとき。

③　弁済目的物の保存に過分の費用を要するとき。

④　①～③に掲げる場合の他、弁済目的物を供託することが困難な事情があるとき。

数個の債務がある場合の弁済の充当

売買契約に基づく代金支払債務

金銭の支払い（同種の給付）

債務者A

金銭消費貸借契約に基づく貸金返済債務

債権者B

【弁済の充当の問題】

充当の方法
- ① 当事者の合意（合意充当）
- ② 給付時の弁済者（A）の指定 ⎫ 指定充当
- ③ 受領時の受領者（B）の指定 ⎭
- ④ 民法の規定に従った充当（法定充当）⇒費用→利息→元本の順に充当

■ 弁済供託の効果

弁済者が弁済目的物または自助売却による代金を供託した時に、債権者の債権が消滅するという効果が発生します（494条1項柱書）。それとともに、債権者には供託物還付請求権が発生します。改正前は供託物還付請求権に関する明文規定がありませんでしたが、改正後の民法では、条文化されました（498条1項）。ただし、債務者が債権者の給付に対して弁済をすべき場合には、債権者は、その給付をしなければ、供託物を受け取ることができません（498条2項）。

たとえば、建物の賃借人が賃料を供託したものの、賃貸人が修繕義務を怠っている場合、賃料は建物の使用収益の対価ですから、賃貸人に賃料を受け取らせるべきではありません。そこで、賃貸人による修繕が完了したことを賃借人が確認した旨の書面を提出しないと、供託金の還付を受けることはできません。

弁済による代位

弁済を行った第三者が債務者に対する求償権を確保するために債権者の一切の権利を行使できる制度

■ 弁済による代位とは

弁済による代位とは、弁済を行った第三者が、債務者に対する求償権を確保するため、債権の効力や担保として債権者が有していた一切の権利を行使できるとする制度です（499条）。たとえば、AがBに対して100万円の貸金債務を負担し、貸金債務の担保としてA所有の土地に抵当権を設定していた場合に、第三者Cが貸金債務をすべてBに弁済したとします。この場合、Cは、Aに対して100万円の求償権を取得するため、この求償権を確保するため、土地の抵当権を実行して競売代金から100万円の回収ができます。

弁済による代位には、①弁済をすることについて正当な利益を有する者が弁済したときに債権者に代位する法定代位と、②その他の者（正当な利益を有しない者）が弁済したときに債権者に代位する任意代位があります。法定代位の場合は、特段の手続きを経なくても、弁済によって当然に債権者に代位します（500条かっこ書）。債権者や債務者の意思に反しても第三者弁済ができる「正当な利益を有する者」が弁済したときに、その弁済者が法定代位者となります。任意代位についても、債権者の承諾を得ることなく、弁済による代位が認められます。両者の相違点は、任意代位の場合に限り、債権譲渡の対抗要件を備えなければ、債権者に代位した事実を対抗できない点です（500条）。

債権者に代位した者（法定代位者・任意代位者）は、「債権の効力及び担保として債権者が有していた一切の権利」を行使することが可能です（501条1項）。具体的には、債権の担保と

正当な利益を有する者

保証人、物上保証人、抵当不動産の第三取得者が正当な利益を有する者の例として挙げられる。

「一切の権利」の行使

債権者に代位した者が「自己の権利に基づいて債務者に対して求償をすることができる範囲内」（求償権の範囲内）に限定される（501条2項）。

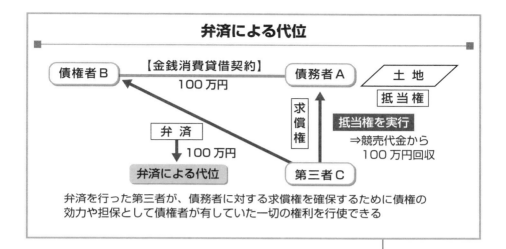

弁済による代位

債権者B 【金銭消費貸借契約】 **債務者A** 土　地

100万円

抵当権

弁　済

求償権

抵当権を実行

⇒競売代金から
100万円回収

100万円

弁済による代位 **第三者C**

弁済を行った第三者が、債務者に対する求償権を確保するために債権の
効力や担保として債権者が有していた一切の権利を行使できる

して設定していた抵当権・質権などを行使する、履行遅滞によ
る損害賠償請求権を行使する、などが考えられます。

■ 第三取得者・保証人・物上保証人の関係

弁済による代位の際の第三取得者等の関係について、民法は
以下のように規定を置いています（501条3項）。

① 第三取得者と保証人・物上保証人との関係

第三取得者とは、債務者から担保の目的物を譲り受けた者の
ことです。弁済をした第三取得者は、保証人や物上保証人に対
して債権者に代位しません。したがって、第三取得者は、保証
人に保証債務の履行を請求したり、物上保証人の担保を行使す
ることができません。たとえば、BがAに対して1000万円の貸
金債務を負担し、この債務の担保としてBが家屋に抵当権を設
定し、Cが保証人となった後、家屋をDに売却したとします。
この場合、D（第三取得者）が1000万円全額を弁済しても、C
（保証人）に対して保証債務の履行を請求することはできません。

② 第三取得者同士の関係

弁済をした第三取得者の1人は、各財産（担保目的の財産）

**共同保証人間の
弁済による代位の
効果**

保証人の1人が他の保
証人に対して債権者に
代位する場合は、自己
の権利に基づき他の保
証人に対して求償がで
きる範囲内で代位する
（501条2項かっこ書）。

**法定代位者
相互間の関係**

本文記載の変更点の
他、改正民法では第三
取得者に代位する場面
で要求されていた、抵
当権などの登記に代位
を付記しておくこと
（付記登記）も不要に
なる。

第三取得者同士
の関係

複数の物件が共同担保
になっていて、第三取
得者が複数いるような
場合である。

の価格に応じて、他の第三取得者に対して債権者に代位します。

③　物上保証人同士の関係

　弁済をした物上保証人の１人は、各財産の価格に応じて、他の物上保証人に対して債権者に代位します。たとえば、前述のBがAに対して1000万円の貸金債務を負担しているという事例で、C（不動産価額が1500万円）もD（不動産価額が500万円）も物上保証人であったというケースを考えてみましょう。この場合、各物上保証人の不動産の価額の比は３対１になりますので、それぞれの負担部分は、Cが750万円、Dが250万円ということになります。このときCが1000万円全額を債権者Aに対して弁済したとすると、CはAに代位して、Dに対して、Dの負担部分である250万円について支払を請求することができます。

④　保証人と物上保証人との関係

　保証人が複数いる場合には、それぞれの保証人の負担部分は、頭数に応じて定まることになります。たとえば、前述のBがAに対して1000万円の貸金債務を負担しているという事例で、CもDも保証人であったというケースの場合、保証人が２人いるので、各保証人の負担部分はC・Dともに500万円ずつということになります。したがって、Cが1000万円を債権者Aに対して弁済したとすると、Cは債権者Aに代位して、Dに対して500万円について支払請求することが可能になります。保証人と物上保証人との間では、その数に応じて、債権者に代位します。ただし、物上保証人が数人いるときは、保証人の負担部分を除いた残額について、各財産の価格に応じて、債権者に代位します。

⑤　第三取得者や物上保証人の譲受人への適用

　第三取得者から担保目的の財産を譲り受けた者は、第三取得者とみなして①②を適用します。他方、物上保証人から担保目的の財産を譲り受けた者は、物上保証人とみなして①③④を適用します。

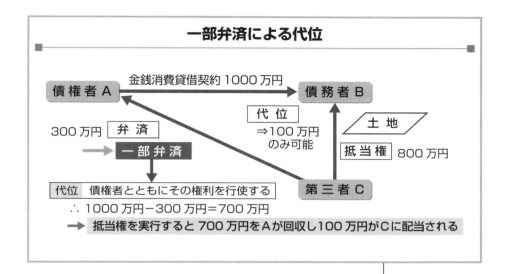

一部弁済による代位

金銭消費貸借契約 1000 万円

債権者 A → 債務者 B

代位
⇒100 万円
のみ可能

300 万円 | 弁済

土地

一部弁済

抵当権 800 万円

代位 債権者とともにその権利を行使する

第三者 C

∴ 1000 万円−300 万円＝700 万円

→ 抵当権を実行すると 700 万円をAが回収し100 万円がCに配当される

■ 一部弁済による代位は債権者とともに行う

　債権の一部弁済があった場合の代位（一部弁済による代位）について、実際は特約で制限される場合が多いのですが、民法は、「債権者の同意を得て、その弁済をした価額に応じて、債権者とともにその権利を行使することができる」（502条1項）とともに、「債権者は、単独でその権利を行使することができる」（502条2項）と規定しています。また、債権者が行使する権利は、「その債権の担保の目的となっている財産の売却代金その他の当該権利の行使によって得られる金銭」について、代位者の行使する権利に優先すると規定しています（502条3項）。

■ 債権者による担保の喪失・減少

　弁済をすることについて正当な利益を有する者（法定代位権者）がある場合に、債権者が故意または過失によって担保を喪失・減少させたときは、法定代位権者は、代位する際に担保の喪失・減少によって償還を受けられなくなる限度で、その責任を免れます（504条1項前段）。

一部弁済による代位

BがAに1000万円の貸金債務を負担し、Bが自己所有の土地に抵当権を設定している事例で、CがAに300万円を一部弁済した場合、CはAの同意を得て、Aとともに土地の抵当権を行使できる。土地が800万円で競落されたとすると、まずAが700万円の弁済を受け、残り100万円の弁済をCが受ける。

担保保存義務

債権者による担保の喪失・減少の制度は、担保保存義務を債権者に課していると言われることがある。
ただ、条文上は債権者による担保の喪失・減少があると法定代位権者に責任減免の効果が生じるとするだけで、債権者の担保保存義務を直接的に明記しているわけではない。

相殺

■ 相殺とは

相殺とは、お互いが持っている債権を対当額で消し合う意思表示のことです。たとえば、AがBに100万円の貸金債権を有し、BがAに100万円の売買代金債権を有する場合に、お互いの債権を100万円（対当額）で消し合うというAまたはBの意思表示が相殺です。このとき、相殺の意思表示をする者の債権を自働債権、相殺の意思表示をする者の相手方の債権を受働債権といいます。

相殺の制度は、簡易迅速な決済を可能にする機能と、実質的な債権回収を図る機能（相殺の担保的機能）を有しています。

簡易迅速な決済を可能にするとは、相殺は相互に弁済しあうというわずらわしさを避けることによって、簡単に処理することができるということです。担保的機能とは、相殺は対立する債権債務がその対当額の範囲では、相手が弁済してくれなくても回収できる、という意味で相互に担保的機能を果たし、当事者の公平を図っているということです。

たとえば、AがBに200万円の債権を、BがAに200万円の債権をもっていたとして、Aが何らかの事情で返済資力が不十分になってしまった場合を考えてみましょう。

このとき相殺が許されないとすると、Aからの請求に対してはBは弁済できますが、Bからの請求に対しては、Aは事実上弁済できないため、Bは損害を被ることになります。結局、Aからは弁済が受けられないのに、一方的にBは弁済を強要されるに等しいことになりかねません。相殺をすることによって、

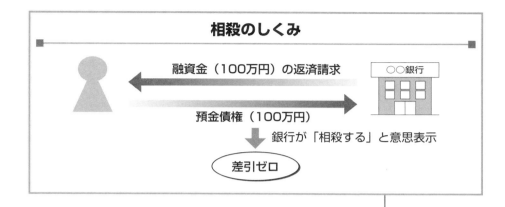

相殺のしくみ

融資金（100万円）の返済請求

○○銀行

預金債権（100万円）

銀行が「相殺する」と意思表示

差引ゼロ

このような不公平な事態を回避することができます。

■ 相殺の要件等

　相殺の意思表示を行うための要件（505条1項）は、①2人がお互いに同種の目的を有する債務を負担している、②双方の債務が弁済期にある、③債務の性質上相殺が許されない場合ではない、④相殺禁止に該当しない、の4つです。これらの要件を満たして相殺の意思表示ができる状態を相殺適状といいます。

　要件①の「同種の目的を有する債務」は、双方の債務が物の給付を目的とするときに問題となるのに対し、金銭を目的とするときはとくに問題にはなりません。また、要件②について、受働債権は弁済期到来前でも期限の利益（49ページ）を放棄して相殺ができます。受働債権（自己の債務）は弁済期前であっても、期限の利益を放棄して弁済することができるからです（136条2項）。したがって、②の要件は実質的には、自働債権の弁済期が到来しているかどうかが問題になるといえます。要件③については、歌手の出演契約における歌唱等を行う債務など、主に現実に給付が行われなければ無意味であるような債務については、相殺を行うことが認められません。

　以下、とくに問題になる要件④について説明します。

> **相殺適状と消滅時効**
>
> 改正前と同じく、時効消滅した債権がそれ以前に相殺適状になっていれば、債権者は、当該債権を自働債権とする相殺ができるとの規定が維持されている（508条）。

■ 相殺禁止とは何か

相殺禁止とは、債務の性質にかかわらず、当事者の意思表示または法令の規定によって、相殺が許されない場合のことで、以下の4つに分類されます。

① **相殺制限特約がある場合**

民法は、相殺を禁止または制限する意思表示（相殺制限特約）は、これを知りまたは重大な過失で知らなかった第三者に対抗できると規定しています（505条2項）。

② **不法行為債権等を受働債権とする場合**

損害賠償債務が人の生命・身体の侵害により生じたか否かで区別しています。

まず、人の生命または身体の侵害（死亡または負傷）による損害賠償債務を受働債権とする相殺は、一律禁止されます（509条2号）。この場合は被害者に現実かつ速やかな給付を受けさせる必要性が高いからです。また、この場合に相殺を認めることで、不法行為の誘発につながるおそれがあるためです。その一方、人の生命または身体の侵害以外の不法行為（物損など）の場合は、現実給付の必要性が当然には高くないため、悪意による不法行為に基づく損害賠償債務を受働債権とする相殺のみが禁止されています（509条1号）。ここでの「悪意」とは、単に知っているだけでは足りず、積極的加害意図が必要です。

③ **差押えを受けた債権を受働債権とする場合**

差押えを受けた債権を受働債権とする相殺については、差押えを受けた債権の第三債務者は、差押後に取得した債権による相殺をもって差押債権者に対抗できません。ただし、差押後に取得した債権でも、差押前の原因に基づいて取得した債権であれば、原則として相殺をもって差押債権者に対抗することが可能です（511条1項）。

たとえば、AがB（第三債務者）に100万円の甲債権を有し、BがAに100万円の乙債権を有する場合、その後にAの債権者

相殺禁止と相殺契約

相殺禁止は、あくまでも一方的な意思表示による相殺を禁ずるものである。当事者の合意によって互いの債務の消し合いを可能とする相殺契約の方法によることは可能である。

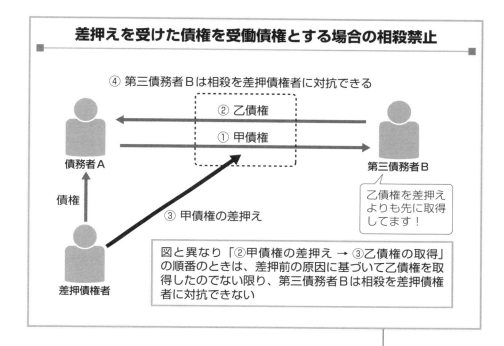

差押えを受けた債権を受働債権とする場合の相殺禁止

④ 第三債務者Bは相殺を差押債権者に対抗できる

② 乙債権

① 甲債権

債務者A

債権

③ 甲債権の差押え

差押債権者

第三債務者B

乙債権を差押え
よりも先に取得
してます！

図と異なり「②甲債権の差押え → ③乙債権の取得」
の順番のときは、差押前の原因に基づいて乙債権を取
得したのでない限り、第三債務者Bは相殺を差押債権
者に対抗できない

（差押債権者）が甲債権を差し押さえても、乙債権は差押前に
発生しており、Bは甲債権を受働債権とする相殺が可能です。

④ 差押禁止債権を受働債権とする相殺

差押禁止債権を受働債権とする相殺は禁止されています（510
条）。差押禁止債権とは、賃金債権などが挙げられます。

■ 相殺の効果

相殺の意思表示は、条件や期限を付することができず、相殺
適状時に遡って効力を生じます（506条）。民法は、自働債権・
受働債権が複数ある場合に、相殺をする債権者の債権（自働債
権）が、相手方の債権（受働債権）の全部を消滅させるのに足
りないときは、当事者の充当合意がある場合を除き、民法512
条・民法512条の2に従い、相殺適状が生じた時期の順序に
従って充当されます。

更改・免除・混同

連帯債務と更改・免除・混同

本文記載のとおり、連帯債務者の一人に対する債務の免除は、民法改正後は、他の連帯債務者には効力が及ばない（相対的効力）。他方、連帯債務者の一人と債権者の間での更改・混同は、民法改正前後を問わず、他の連帯債務者に効力が及ぶ（絶対的効力）。

■ 弁済以外に債務が消滅する場合

　債権は、給付内容が実現されれば、目的を達して消滅します。最も基本的な債務消滅原因は、債務の本旨に従った給付の履行である弁済です。債務消滅原因には、弁済以外にも、代物弁済、供託、相殺、消滅時効、更改、免除、混同があります。また、契約の解除、取消し、契約期間満了などによって債務が消滅することもあります。ここでは、更改、免除、混同について見ていきましょう。

■ 更改とは

　新しい債務を成立させることによって、かつての債務を消滅させる契約のことを更改契約といいます。民法は、当事者が「債務の要素」を変更する契約をしたときは、元々の債務は、更改によって消滅すると規定しています。

　具体的には、①金銭の支払いを土地の引渡しに変更するなど「従前の給付の内容について重要な変更をする」契約、②もともと債務者がAであった契約を債務者Bとしての契約に改めるような「従前の債務者が第三者と交替する」契約、③債権者Cから債権者Dに変更するような「従前の債権者が第三者と交替する」契約という3つの類型が、更改契約として認められます。

　なお、民法改正前は、更改前の契約において質権や抵当権が設定されていた場合、「契約の当事者」は、債務の担保として設定された質権や抵当権を更改後の債務に移すことができるとされていました。改正後は、債務者の意思にかかわらず、「債

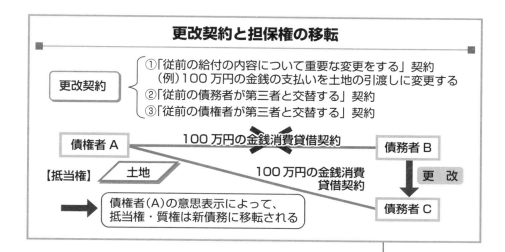

権者（債権者の交替による更改については、更改前の債権者）」が、質権や抵当権を更改後の債務に移すことができます。ただし、物上保証の場合は、物上保証人の承諾が必要です。

■ 免除とは

債権者の一方的な意思表示によって、債権を消滅させる行為のことを免除といいます。債権放棄と同じ意味です。なお、民法改正前は、連帯債務者の一人に対する債務の免除は、その負担部分に限り他の連帯債務者にも効力が及びましたが、改正後は、効力が及びませんので注意が必要です。

■ 混同とは

債権と債務が同一人に帰属したときは、混同により債権は消滅します。たとえば、取引先に売掛債権を持っている会社が、その取引先と合併したときは、売掛債権は混同により消滅します。なお、所有権と所有権以外の物権が同一人に帰属したときに、所有権以外の物権が消滅することも、混同といいますが、債権債務の混同とは別の制度です。

Column

法定利率の変動制と中間利息控除

　法定利率とは、金銭の貸し借りなど、利息が発生する債権で、当事者が利率を定めずに契約した場合に適用される利率です。改正民法により、法定利率を年３％へ引き下げ、その後は市場金利の動向を踏まえ、３年ごとに１％刻みで見直す変動制が採用されています。また、①利息についてはその利息が生じた最初の時点における法定利率が、②遅延損害金については債務者が遅滞の責任を負った最初の時点における法定利率が適用されます。

　たとえば、４月１日に交通事故にあい、損害賠償金150万円が支払われたのが翌年４月１日であった場合、４月１日時点での法定利率は３％、その後翌年の１月１日に法定利率が見直され２％となったとします。交通事故などの不法行為の場合、事故発生時点で遅延損害金が発生しますので、４月１日時点の法定利率である３％に固定され、その後変更があっても影響は受けません。事故発生から１年後の損害賠償であれば、150万円に対し３％の法定利率である45000円の遅延損害金を付加した154万5000円を加害者は支払う必要があります。

　法定利率の変動は、交通事故などの損害賠償金の金額に影響します。後遺障害などにより働けなくなった場合、働くことができれば得られたであろう収入（逸失利益）の賠償を求めることができます。この逸失利益を賠償金として一括で受け取る場合、本来であれば将来の一定期間に渡って得られた収入を前倒しで受け取ることになります。そこで、賠償金額を算定する際、前倒しで得たお金を運用に回せば利益を得ることができると考え、運用益相当分を賠償額から控除します（中間利息控除）。このとき、中間利息控除は法定利率で計算しますので（417条の２）、法定利率が低くなれば、中間利息控除の金額は少なくなり、賠償金額は多くなります。したがって、法定利率が下がることで、より多くの賠償金を得られることになるのです。

PART 4

債権各論

契約自由の原則

契約の相手方・内容・方式については原則として自由である

■ 契約自由の原則とは

　民法には、自由な意思に基づいてのみ権利を取得し、義務を負うという大原則があります。これに則って、①契約を締結するか否か（契約締結の自由）、②誰を相手に契約を結ぶのか（相手方選択の自由）、③どのような内容の契約を締結するのか（内容決定の自由）、④どのような方式で契約を締結するのか（方式の自由）について、基本的に当事者が自由に決定することができるという考え方を、契約自由の原則といいます。

　契約自由の原則に関して、民法は契約締結の自由を条文化しています。また、内容決定の自由も条文化されています。ただし、法令の制限内において認められた自由ですので、殺人を依頼する契約などのように、反社会的な法制度に違反することが明らかな内容を含む契約を結ぶことはできません。さらに、契約締結の方式の自由も条文化されています。

　契約は、以下のように分類できます。

① 双務契約と片務契約

　契約当事者が、お互いに対価的な債務を負担する契約を双務契約といいます。双務契約では、双方の債務のつながり（牽連性）が認められます。たとえば、売買契約で、売主は目的物を引き渡す義務を負い、買主は代金を支払う義務を負いますが、ここでの目的物と代金の関係を対価的関係といいます。

　これに対し、一方だけが債務を負担する契約や、双方の債務が対価的関係にないような契約を片務契約といいます。

② 有償契約と無償契約

強行規定の一例としての消費者契約法

売買契約においては、とくに売主が事業者であれば、売主側と買主側（消費者）とでは商品等に対する知識に圧倒的な差が生じているため、買主にとって不当に不利な内容の契約が結ばれることも少なくない。そこで、消費者契約法10条の規定により、買主が一切の不都合を主張することを禁じる旨の売買契約は無効になると規定されている。

契約締結の自由

「何人も、法令に特別の定めがある場合を除き、契約をするかどうかを自由に決定することができる」と規定している（521条1項）。

内容決定の自由

「契約の当事者は、法令の制限内において、契約の内容を自由に決定することができる」と規定している（521条2項）。

契約締結の方式

原則として「書面の作成その他の方式を具備することを要しない」と規定している（522条2項）。

契約自由の原則

<table>
<tr><td rowspan="8">契約自由の原則</td></tr>
</table>

契約自由の原則

① 契約を締結するか否か（契約締結の自由）
⇒ 契約をするかどうかを自由に決定することができる

② 誰を相手に契約を結ぶのか（相手方選択の自由）

③ どのような内容の契約を締結するのか（内容決定の自由）
⇒ 法令の制限内において、契約の内容を自由に決定することができる
∴ 法令に違反する内容の契約（殺人の依頼など）を結ぶことはできない

④ どのような方式で契約を締結するのか
⇒ 書面によるか口頭によるか、書面による場合でもどのような形式にするかなどは原則として自由に決定することができる

契約当事者が、互いに経済的な支出をする契約を有償契約、そうでない契約を無償契約といいます。双務契約はすべて有償契約ですが、有償契約は必ずしも双務契約ではありません。有償契約には売買の規定、たとえば売主の契約不適合責任に関する規定などが準用されます（559条）。

③ 諾成契約と要物契約

当事者の意思表示の合致だけで成立する契約を諾成契約といい、当事者の合意の他に、一方が物の引渡しその他の給付をなすことを成立要件とする契約を要物契約といいます。

④ 典型契約と非典型契約

民法の定める13種類の契約を典型契約、あるいは名前が与えられているという意味で有名契約ともいいます。13種類の典型契約として、贈与、売買、交換、消費貸借、使用貸借、賃貸借、雇用、請負、委任、寄託、組合、終身定期金、和解が民法に規定されています。これ以外の契約を非典型契約（無名契約）といいます。契約自由の原則の下、公序良俗に反するような内容でない限り、この13種類の契約と内容の異なった契約を締結することができます。

第三者のためにする契約

たとえば、BがAから不動産を購入してCに贈与したいと考える場合、AからB、BからCに不動産を譲渡すると、二度も移転登記が必要になり登記費用がかかる。そこで、AとBとの間で売買契約を締結するが、不動産の所有権の移転は、BではなくCに移転し、Cに不動産を引き渡すという内容の契約を締結することもできる。このような契約を「第三者のためにする契約」といい、Cを「受益者」という。

契約の成立時期

申込みと承諾が合致することによって契約が成立する

■ 申込みと承諾による契約成立の明示

　たとえば、買主と売主が土地の売買契約を結ぶという場面を考えてみましょう。買主が「この土地を買おう」と考えて、その意思を売主に伝えることが売買契約締結への第一歩になります。

　契約は、「○○を売ってください」「○○を買いませんか」というような呼びかけに始まって、重要な事項について合意することで成立します。通常、先になされた呼びかけを申込み、それに対する合意の返答を承諾といい、申込みと承諾の意思表示が合致することで契約が成立します。もっとも、申込みは「承諾があれば契約を成立させようという意思表示」をさします。そのため、商店で値札をつけて商品を展示しているのは、申込みそのものではなく、申込みの誘引にあたり、その商品を指してお客さんが「これを1個ください」と言うことが申込みにあたります。承諾は、「申込みを受けた契約を成立させる意思表示」です。もし、変更を加えて承諾するというのであれば、これは承諾ではなく新しい条件での申込みとなります。

　民法522条1項は、契約の申込みに対して、相手方が承諾をしたときに契約が成立すると明記しています。

■ 契約成立時期に関して

　申込みと承諾という2つの意思表示が、いつの時点で合致したといえるのでしょうか。民法上は、他の意思表示と同様に、契約の申込みや承諾の意思表示について到達主義が採られ、申込みや承諾の意思表示が相手に到達することにより、申込みや

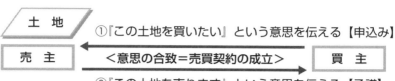

契約の成立時期

① 『この土地を買いたい』という意思を伝える【申込み】

売　主 ← ＜意思の合致＝売買契約の成立＞ → 買　主

② 『この土地を売ります』という意思を伝える【承諾】

◎申込み・承諾ともに「到達主義」が採られる

◎承諾のための期間を定めた場合
　承諾の意思表示が遅延して届いた場合、原則として契約は成立しない

◎承諾のための期間を定めなかった場合
　原則として一定期間経過後でなければ、申込みの意思表示を撤回できない

承諾として効力を生じることになります。

　また、承諾のための期間を定めて行った申込みについて、原則としてその期間内は撤回できません。期間内に承諾の通知がなければ契約は成立しません。ただし、申込者は、期間経過後に到達した承諾の通知を新たな申込みとみなすことができますので、これに対して承諾の通知をすれば契約が成立します。また、承諾のための期間をとくに定めずに行った申込みであっても撤回する権利を留保した場合を除き、原則として一定期間経過後でなければ、申込みの意思表示を撤回することはできないと規定しています。

　なお、対話者間の申込みに関して、対話が継続している間は、いつでも申込みを撤回できるが、対話が継続している間に申込者が承諾の通知を受けなかった場合には、その申込みは効力を失います。

同時履行の抗弁権

相手が債務を履行するまで、自分の債務の履行を拒む
ことができる権利

■ 双務契約の履行上の牽連関係

　売買などの双務契約の各当事者が負担する債務は、お互いに
対価的関係にあるものです。つまり、相手の債務があるからこ
ちらの債務もあるという関係にあります。たとえば、売主の目
的物引渡債務（時計の引渡し）と買主の代金支払債務（時計代
金１万円の支払い）について、一方の債務の履行が他方の債務
の履行と無関係になされるというのでは、公平ではなく、また、
取引の簡易迅速な処理にも適さないでしょう。お金は支払った
が品物はもらえなかったり、支払いだけはまた後日というのは
不公平です。そこで、できるだけいっしょに処理しましょう、
ということになります。

　このような、双務契約の一方の債務が履行されない間は、他
方の債務も履行されなくてよい、という関係を履行上の牽連関
係といいます。同時履行の抗弁権はそれが具体化されたものです。

■ 同時履行の抗弁権

　双務契約の当事者の一方が、相手方が債務の履行を提供する
まで、自己の債務の履行を拒むことができる権利を同時履行の
抗弁権といいます（533条）。条文には、「相手方がその債務の
履行の提供をするまでは」とあるのですから、相手方が自分の
債務を履行しようとしないで、ただこちらの債務の履行だけを
迫っている場合にだけ、同時履行の抗弁権は使えるということ
になります。ただし、相手方の債務の弁済期が到来していない
場合には、同時履行の抗弁権は使えません。

**原状回復義務の
同時履行**

双務契約の履行の場面
以外にも、契約の取消
し・無効・解除に伴う両
当事者の原状回復義務
（46・176ページ）が
同時履行の関係に立つ。

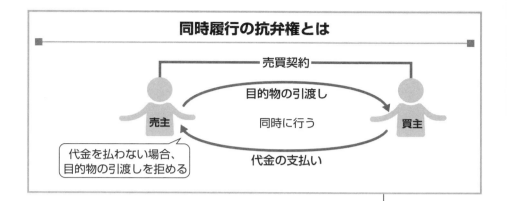

ところで抗弁というのは、相手の主張や請求に対して、相手に権利があることを前提に別の根拠をもって請求を拒むことです。そのような抗弁を主張できる権利が抗弁権というわけです。そして、民法533条では同時に履行せよという抗弁を主張できる権利が規定されているということになります。

■ 留置権と同時履行の抗弁権

同時履行の抗弁権が認められるケースの多くでは、留置権も認められます。これも、公平という見地から認められた制度です。留置権では物の引渡しが問題となりますが、同時履行の抗弁権は売買などの双務契約の場合に発生するものです。

たとえば、倉庫会社が保管料を支払わない顧客に対して荷物の引渡しを拒む場合、同時履行の抗弁権と留置権のどちらでも主張することができます。他方、荷物の所有者が顧客以外の第三者であり、倉庫会社が第三者に対して荷物の引渡しを拒む場合、契約関係にないので、同時履行の抗弁権ではなく、留置権を主張します。

また、同時履行の抗弁権は、当事者の一方だけが先に履行させられることの不公平を避けるのを目的としているのに対して、留置権は債権の担保を目的としています。

引換給付判決

たとえば買主が時計の引渡しを請求する訴訟を提起した時に、売主が同時履行の抗弁権を行使した場合、買主の請求を棄却せず、「売主は買主による代金の支払と引換えに時計を引き渡せ」との判決をすることになる。これを引換給付判決という。

危険負担

両当事者に帰責性がない事由により一方の給付が履行不能になったときは反対給付の履行を拒絶できる

■ 危険負担とは

　危険負担とは、売買などの双務契約で、契約成立後に当事者双方に責任を問えない事情で給付が不能になった場合、その危険をどちらの当事者が背負い込むかという問題をいいます。たとえば、中古車の販売の局面を考えてみましょう。売買契約を4月1日に締結して、買主への自動車の引渡しを4月30日と定めていたとします。その後、4月10日に発生した自然災害で中古自動車が大破した場合、売買契約における両当事者の債務はどのように扱われるのでしょうか。中古自動車は大破しているので、履行不能に陥っています。しかし、大破の原因は自然災害ですので、債務者である売主には帰責事由がなく、債務不履行責任は生じません。

　当事者双方の責めに帰することができない事由によって債務の履行が不能になった場合に、債務者は反対給付を受ける権利を有しないという考え方があります。つまり、目的物の引渡債務を負う債務者（前述の事例における中古車の売主）は、その対価としての代金支払債権を受け取る権利を失うことになります。この考え方を債務者主義と呼んでいます。

　これに対して、改正前の民法では、特定物の取引について、売主は目的物の引渡義務から解放される一方で、買主は目的物を得られないのに代金支払義務を免れないという債権者主義を定めていましたが、公平ではないので債務者主義に改められました。

債務者主義

本文記載のように、当事者双方の責めに帰することができない事由によって債務の履行が不能になったときは、債務者は反対給付を受ける権利を有しないという考え方を、危険を債務者が負担するという意味で、債務者主義と呼んでいる。

債権者主義

本文記載のように、改正前民法では特定物の危険負担に関して、別途条文が規定されていた。具体的には、「その物が債務者の責めに帰することができない事由によって滅失し、又は損傷したときは、その滅失又は損傷は、債権者の負担に帰する」という規定が置かれていた。

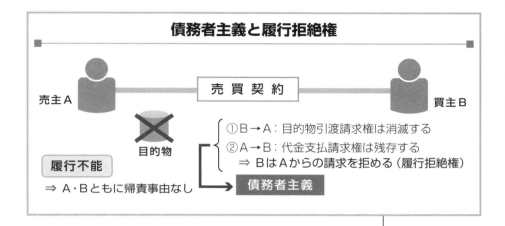

債務者主義と履行拒絶権

売買契約

売主A　　　　　　　　　　　　　　　　　買主B

目的物

①B→A：目的物引渡請求権は消滅する
②A→B：代金支払請求権は残存する
　⇒　BはAからの請求を拒める（履行拒絶権）

履行不能

⇒　A・Bともに帰責事由なし　→　債務者主義

■ 危険負担に関する民法の規定

　民法は、「当事者双方の責めに帰することができない事由に
よって債務を履行することができなくなったときは、債権者は、
反対給付の履行を拒むことができる」（536条1項）として、両
当事者に責任がない事情によって、履行が不能になった場合に
は、債権者も自身の債務の履行義務から解放されると規定して
います（債務者主義）。

　もっとも、危険負担に関する条文の規定は、「反対給付の履
行を拒むことができる」として、履行拒絶権という形で記載さ
れていることには留意が必要です。つまり、債務自体は残って
いることを意味するため、債務自体を消滅させたい場合は、契
約解除をすることになります。一応制度の上では、目的物が滅
失等した場合において、買主が拒否しなければ、売主は代金の
支払いを受けることも可能になります。また、履行不能に基づ
く契約の解除についても、債務者の落ち度（帰責事由）が要件
になっていないため、前述した事例の中古車の買主は、履行拒
絶権として代金の支払いを拒むことが可能であるとともに、売
買契約を解除することにより、代金支払債務を消滅させること
も可能です。

債権者に帰責事
由がある場合

債権者の帰責事由に
よって履行が不能と
なった場合、債権者は
反対給付の履行を拒否
できない（536条2
項）。たとえば、売買
において履行不能につ
き帰責事由がある買主
は、代金支払いを拒否
できない。

解除

相手方が債務を履行しない場合に契約の解除ができる

■ 解除が問題になる場合

　契約を締結したのであれば、お互いに信義を守り、誠実に履行しなければならないはずです。もちろん、両当事者が納得して「この契約は、なしにしよう」というのであれば、それはそれでいいでしょう。契約はなかったことにできます。これを合意解除といいます。当事者が「こういう場合には一方的に解除することができる」と約束していたときは、その状況になれば一方的に解除ができます。これを約定解除といいます。そのような場合でなくても、当事者の一方が、自分だけの意思表示によって、契約をなかったことにすることができる場合があります。これを法定解除といいます。本来、守るべき契約を一方的にやめるわけですから、よほどの理由がなければ法定解除はできません。

　民法では、契約の相手方（債務者）が債務を履行しない場合、一定の要件の下で、契約を解除（法定解除）することを認めています。契約の解除によって、その契約は当初からなかったことになります。

　たとえば、AがB中古車店から希少なクラシックカーを150万円で購入し、納車を10日後とする売買契約を締結した場合を考えてみましょう。Aは契約締結日にB店に対して購入代金の支払を済ませましたが、納車日になってB店のスタッフが車を出庫する際にヘッドライトを破損したとします。このヘッドライトには代替部品がないときに、Aは契約を解除して代金の返還を望む場合に、解除の是非が問題になります。

契約の履行にこだわるべきか、解除すべきか

実際、履行しない相手に強制するよりも、解除によって自分の債務もないことにしてしまう方が得策という場面も多い。

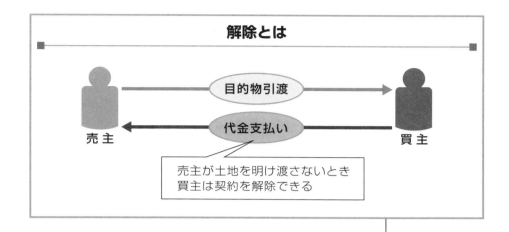

解除とは

目的物引渡

代金支払い

売主

買主

売主が土地を明け渡さないとき
買主は契約を解除できる

■ 解除の要件

民法は、一定の場合に解除権（法定解除権）という権利が発生して、その権利を意思表示によって行使するという構成をとっています。法定解除権が発生する一般的な原因は、相手方の債務不履行です。履行遅滞の場合には、原則として、相当の期間を定めて履行を催告することが必要ですが（541条）、履行不能の場合は催告は無意味なので不要です（542条1項1号）。

従来、契約解除が認められるためには、ⓐ債務の履行がないこと（債務の不履行）、ⓑ債務者に帰責事由があること、ⓒ債権者から債務者に履行の催告をすることを必要とするのが原則でした。しかし、契約解除を認める趣旨は、債務者に対する制裁ではなく、契約の拘束力から債権者を速やかに解放することにあると考えられるようになりました。このように考えると、債務者の帰責事由の有無を問わず、債務の履行がなければ債権者を契約の拘束力から解放すべきとの結論が導かれます。改正民法では、そのような考え方を踏まえて、ⓑの債務者の帰責事由を契約解除の要件から除外しました（541条、542条）。

また、ⓒの履行の催告については、改正後の民法では、催告なしで契約解除ができる場合が明文化されています。

■ 解除の効果と第三者

　解除すると、契約ははじめからなかったことになります。もし、一方の当事者がすでに履行していたら、それは元に戻さなければなりません。引き渡されていた品物は売主に返され、支払われていた代金は買主に返されなければならないのです。これを原状回復義務といいます。

　ただし、民法545条により、解除をしても第三者の権利を害することはできないとされています。判例・通説によると民法545条で保護される第三者とは、「解除された契約から生じていた法律関係を基礎として、解除までに新たな権利を取得した者」をいうとされています。AがBに家を売り、BがCに転売したあとで、Bの債務不履行を理由にAが売買契約を解除したとしましょう。この場合のCが第三者にあたり、Aが解除して原状回復することになっても、Cの権利は守られます（Aは家を取り戻せず、Bに損害賠償を請求することになります）。

■ 催告解除ができない場合が明文化されている

　民法においては、債務者の帰責事由なき債権者の契約解除による債務者の不利益を考慮して、債務の不履行が「契約及び取引上の社会通念に照らして軽微」である場合には、催告を要する契約解除（催告解除）ができないことが明文化されています（541条ただし書）。無催告解除の場合は、そもそも無催告解除ができる事由が、重大なものに限定されています。

■ 無催告解除ができる場合が増えた

　改正前の民法では、催告なしに契約を解除できる場合（無催告解除）として、①特定の日時や期間内に履行しないと契約の目的が達成できない場合（定期行為）、②履行の対象となる商品などを破壊または焼失などによって履行が不可能となった場合（履行不能）が限定的に定められていました。

債務者の帰責事由が不要になる

契約解除の要件として、かつては債務の履行がないことに関する債務者の帰責事由（落ち度）が必要だった。しかし改正法では債務者の帰責事由は不要である。これによって、債務者は自身に帰責事由がないことを主張して、債権者による契約解除を阻止することができなくなる。
他方、債務の履行がないことに関して「債権者に帰責事由がある」場合、債権者は契約解除を行うことができないことが明文化された（543条）。

催告解除ができない場合

従来の民法の下でも、判例において軽微な債務不履行に基づく催告解除はできないとされてきた。民法の規定は判例の趣旨を明文化したものということができる。

解除の要件

| 解 除 の 要 件 | ① 債務の履行がないこと（不履行の事実） |
| | ② 催告から相当期間経過後も履行がないこと（ただし、無催告解除ができる場合もある） |

- 債務の不履行が「契約及び取引上の社会通念に照らして軽微」である場合
  ⇒ 催告を要する契約解除（催告解除）ができない
- 無催告解除ができる場合

(1) 履行の対象となる商品などを破壊・焼失するなどして履行不能になった場合
(2) 債務者が履行を拒絶する意思を明確に表示した場合
(3) 債務の一部の履行が不能であるとき、または債務者が一部の履行を拒絶する意思を明確に表示したときで、残存する部分だけでは契約の目的が達成できない場合
(4) 特定の日時や期間内に履行しないと契約の目的が達成できない場合（定期行為）
(5) 履行の催告をしても契約の目的を達する履行が見込めないのが明らかな場合

　民法改正により、①②の場合に加えて、③債務者が履行を拒絶する意思を明確に表示した場合、④債務の一部の履行が不能であるとき、または債務者が一部の履行を拒絶する意思を明確に表示したときで、残存する部分だけでは契約の目的が達成できない場合、⑤履行の催告をしても契約の目的を達する履行が見込めないのが明らかな場合にも、無催告解除ができることが明文化されています（542条1項）。

　なお、①〜⑤は契約の全部について無催告解除をする場合の規定ですが、民法改正により、契約の一部について無催告解除ができる場合も明文化されました。具体的には、債務の一部の履行が不能である場合、または債務者が一部の履行を拒絶する意思を明確に表示した場合に、契約の一部を無催告解除することができます（542条2項）。

定型約款

定型約款に関する民法の規定

本文記載のように、民法はすべての約款を網羅的に規律しておらず、約款全般に妥当する規律を定めたものではないことに注意が必要である。一般的に約款とは、不特定多数の者と取引することを想定して、定型的な条項をあらかじめ定めておき、それを契約の内容とするものをいう。民法は約款の中から最もスタンダードな部分を抽出したものを「定型約款」と名付けて、その要件や効果を規定している（民法548条の2～548条の4）。

■ 定型約款とは

　民法は、定型約款を「定型取引において、契約の内容とすることを目的としてその特定の者により準備された条項の総体をいう」と定義しています。「定型取引」とは、ある特定の者が不特定多数の者を相手とする取引であって、その内容が「画一的」であることが双方にとって合理的なものをいいます（548条の2第1項）。保険約款、預金規定、通信サービス約款、運送約款、カード会員規約は、すべてのユーザーに共通する内容なので、定型約款にあたる可能性が高いといえます。

　たとえば、月額課金のオンラインストレージサービスを提供するA社の例を考えてみましょう。A社はユーザー登録画面に利用規約を表示して、当該利用規約が契約内容に含まれることに同意する旨のボタンがユーザーによって押されてから、月額課金サービスに移行する方法を採っているとします。

　このような場合、ユーザーが利用規約のすべての条項を把握して合意していることは通常期待できません。しかし、利用規約が契約の内容とはならないとされると、個別に契約交渉をするなどの煩雑な手続が必要となり、A社にとってもユーザーにとっても事務処理の負担が増えます。そこで、不特定多数の者との画一的な取引を迅速かつ効率的に行うため、利用規約を定型約款として契約の内容とすることが便利です。

■ 定型約款の内容

　民法では、定型取引をすることの合意（定型取引合意）が

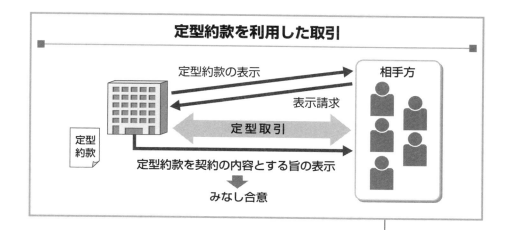

定型約款を利用した取引

定型約款の表示 → 相手方

表示請求 ←

定型取引 ←→

定型約款を契約の内容とする旨の表示 →

↓ みなし合意

定型約款

あった際に、①定型約款を契約の内容とすることの合意もあった場合、または②定型約款を契約の内容にする旨をあらかじめ相手方に表示していた場合には、定型約款の個別の条項について合意があったものとみなすと規定しています（548条の2第1項）。これを「みなし合意」と呼んでいます。

このように定型約款について特別な効力を与えることで、定型取引において画一的な契約関係の処理が可能になります。とくに②の場合は、相手方が定型約款をまったく見ていなくても合意があったとみなされる場合があることになります。

みなし合意の制度は、不特定多数の者との画一的な取引を迅速かつ効率的に行うために有用なものです。しかし、常に合意があるとみなされると不都合が生じる場合もあります。そのため、一定の場合には個別の条項がみなし合意の対象から除外される規定が置かれています。具体的には、相手方の権利を制限したり、義務を加重する条項であって、定型取引の態様・実情や取引上の社会通念に照らして、信義則（信義誠実の原則）に反して相手方の利益を一方的に害すると認められるときには、そのような個別の条項については合意をしなかったものとみなされます（548条の2第2項）。

②の「あらかじめ」

ここでの「あらかじめ」は、定型取引合意の前を意味するので、定型取引合意をする前に相手方に表示しなければならない。

公共交通機関の
利用に関する
定型約款

鉄道・バスなどの公共
交通機関の利用に関す
る定型約款について
は、定型約款を契約の
内容にする旨を「公表」
していれば、相手方に
表示しなくてもみなし
合意が成立すること
が、個別の法律で規定
されている。

　この除外規定に該当する条項の例として、不当条項や不意打ち条項が挙げられます。不当条項とは、契約違反をした相手方に過大な違約金を課する条項や、逆に、定型約款を準備する側（定型約款準備者）の責任を不当に免責したり、賠償額を不当に僅少にする条項などをさします。不意打ち条項とは、定型取引と関連性のない製品やサービスを、通常予期しない形でセット販売している条項などをさします。

■ 定型約款の表示（開示）義務

　定型取引について合意した場合で、定型約款を契約の内容にする旨をあらかじめ相手方に表示していた場合には、定型約款の個別の条項についても合意があったとみなされます。その場合でも、相手方から請求があれば開示に応じなければなりません。

　また、定型取引合意の前または定型取引合意後相当の期間内に相手方から表示（開示）の請求があった場合には、定型約款準備者は、遅滞なく相当な方法で定型約款の内容を表示しなければなりません（548条の3第1項）。たとえば、相手方から請求されたときに定型約款を掲載したWEBページのURLを提示するなど相当な方法で表示することになります。なお、定型取引合意後相当の期間内における相手方からの表示請求を拒否した場合でも、定型約款自体は契約の内容になります。ただし、この場合は定型約款を表示する義務が履行されておらず、定型約款準備者は債務不履行責任を負う可能性があります。

　これに対して、定型取引合意前に相手方から定型約款の開示請求があったのに、正当な理由なく拒否した場合は、みなし合意の規定が適用されず、定型約款自体が契約の内容にはなりません（548条の3第2項）。

■ 定型約款の変更が可能な場合

　定型約款を利用して不特定多数の相手方と取引を開始してい

定型約款の変更が可能な場合

 定 型 約 款 ➡ 不特定多数の者と取引を行うために定めている

【事後的に変更が必要な場合】 いずれかの要件を満たす必要がある

① 定型約款の変更が相手方の一般の利益に適合するものであること

② 定型約款の変更が契約の目的に反せず、変更の必要性、変更後の内容の正当性、約款上の変更に関する定めの有無・内容などの事情に照らして合理的なものであること

➡ いずれかの要件を満たす場合、変更に関する事項をインターネット等で周知することが必要

る状態であっても、事後的にその定型約款を変更する必要が生じる可能性もあります。その場合に、すでに取引関係にある者に個別に合意を求めるとすれば、円滑な取引ができなくなるおそれがあります。そこで民法は、一定の要件を満たしている場合には、相手方の個別の合意がなくても定型約款を変更できるものとしています。具体的には、個別の合意なき定型約款の変更が認められるためには、次のいずれかの要件を満たす必要があります（548条の4第1項）。

1つは、定型約款の変更が相手方の一般の利益に適合するものであることです。もう1つは、定型約款の変更が契約の目的に反せず、かつ、変更の必要性、変更後の内容の正当性、約款上の変更に関する定めの有無・内容、その他の変更にかかる事情に照らして合理的なものであることです。

なお、いずれかの要件を満たしている場合において、実際に定型約款の変更が効力を生じるためには、①定型約款を変更する旨、②変更後の定型約款の内容、③変更後の定型約款の効力発生時期の3点について、インターネットその他適切な方法で周知することが必要です（548条の4第2項、第3項）。

> **定型約款の変更について**
>
> 定型約款の変更が契約の目的に反せず、かつ、変更の必要性、変更後の内容の正当性、約款上の変更に関する定めの有無・内容、その他の変更にかかる事情に照らして合理的なものである場合には、変更に関する条項がない場合でも、定型約款を有効に変更できる可能性があるといえる。ただし、変更に関する条項の有無は重要な考慮要素といえるため、通常は定型約款に条項として定めておいた方がよい。

贈与

■ 贈与契約における問題点

　贈与とは、無償で財産を相手に与える契約をいいます。たとえば、AがBに、「車をタダであげるよ」と約束する場合です。売買契約が有償契約の典型例と言われるのに対して、贈与契約の当事者は、対価的な地位に立ちませんので、贈与契約は無償契約の典型例として挙げることができます。有効な贈与契約が締結された場合、当事者の一方は、相手方に対して財産権を移転する義務を負います。また、贈与した者は目的物を引渡しまで保管する義務を負い、これを怠ると債務不履行責任を負わなければならないことに注意が必要です。

　改正前の民法では、贈与について「自己の財産」を無償で相手方に与える契約と定めていました。さらに、他人の財産を贈与することについて、売買に関する改正前民法560条（他人の権利の売買における売主の義務）のような規定が存在しませんでした。そのため、他人の財産を目的とする贈与（他人物贈与）が有効なのかという議論があったのです。

　他人物贈与の有効性については、従来から、判例（最判昭44.1.31）が「他人の財産権をもつて贈与の目的としたときは、贈与義務者は自らその財産権を取得して受贈者に移転する義務を負うもので、贈与契約として有効に成立する」と述べて、他人物財産の贈与を認める見解をとっていました。

　そこで、判例の考え方を採用して、改正後の民法では、改正前民法549条の「自己の財産」という部分を「ある財産」という文言に改めることによって、他人の権利を目的とする贈与

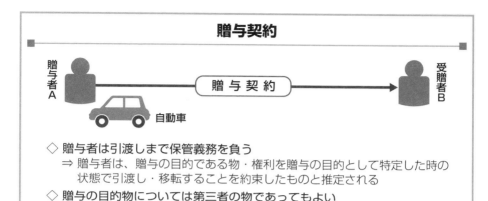

贈与契約

贈与者A → 贈与契約 → 受贈者B

自動車

◇ 贈与者は引渡しまで保管義務を負う
　⇒ 贈与者は、贈与の目的である物・権利を贈与の目的として特定した時の
　　状態で引渡し・移転することを約束したものと推定される
◇ 贈与の目的物については第三者の物であってもよい
◇ 書面によらない贈与は、履行の終わった部分を除き「解除」ができる

（他人物贈与）の有効性が明確にされています。

■ 書面によらない贈与の解除

　書面によらない贈与は、履行の終わった部分を除き、各当事者が「解除」を行うことができます（550条）。改正前は「撤回」の用語が用いられていましたが、意思表示をしていない受贈者からの主張を認めるので、改正後は、「解除」という用語が用いられています。

> **撤回**
> 自ら行った意思表示の効力を消滅させること。

■ 贈与者の引渡義務など

　民法では、贈与が無償契約であるのを考慮した上で、贈与者は贈与の対象物を特定した時点の状態で引き渡せば足りるものとしています（551条1項）。つまり、物に欠陥などがあっても責任を負わないということです。

　ただし、民法551条1項は推定規定にとどまりますので、贈与契約における特約で贈与者の責任の内容が定められるのであれば、その義務内容が優先されます。

売買契約の効力と手付

原則として買主は手付を放棄し、売主は手付の倍の金額を払うことで契約を解除できる

■ 売買と手付の種類

売買は、おそらく世の中で最も頻繁に行われている契約です。民法は、「売買は、当事者の一方がある財産権を相手方に移転することを約し、相手方がこれにその代金を支払うことを約することによって、その効力を生ずる」と規定しています（555条）。売買は、代表的な有償契約・双務契約・諾成契約です。売買契約の効力として、売主は目的物の財産権を買主に移転すべき義務を負い、買主は代金支払義務を負います。

ところで、家や土地などの大きな買い物の場合には、まず手付を支払い、それから残額の支払いをすることがあります。手付は、契約成立時に、買主から売主に交付される金銭その他の有価物（お金に限らない）です。手付にもいくつかの種類・性質がありますが、民法は、原則として解約手付としています（557条）。

解約手付とは、手付の金額だけの損失を覚悟すれば、相手方の債務不履行がなくても契約が解除できるという趣旨で交付される手付です。つまり、解約手付を払うということは、約定解除権を留保するという意味になるわけです。

■ 手付と契約の解除について

たとえば、土地の売買契約において、1000万円の価値がある土地である場合に、100万円程度の手付金（解約手付）が支払われる場合があります。もし買主が、すでに売主に対して土地の代金を支払うための段取りを整えている場合に、買主の側か

売主の義務

売主は、ただ目的財産を引き渡すだけでなく、目的財産が不動産であれば移転登記、債権であれば譲渡通知というように第三者に対する対抗要件を買主が備えるところまで協力する義務がある。

手付に類似した金銭（内金、申込証拠金）

内金は、単に代金の一部を支払うというだけの意味の金銭である。また、分譲マンションなどでは、申込証拠金と呼ばれるものがある。これは後で契約を結ぶための優先順位をとりあえず確保しておくために払っておく金銭である。申込証拠金の場合、契約が成立すれば代金に充当され、契約が成立しなければ返還されるのが原則である。手付とは異なり、売主側が倍返しをして契約締結の優先権を失わせることもできない。

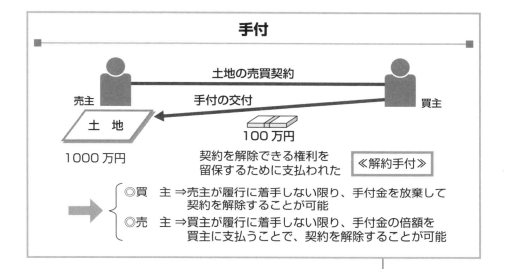

手付

土地の売買契約

手付の交付

売主

買主

土　地

1000万円

100万円

契約を解除できる権利を
留保するために支払われた

≪解約手付≫

◎買　主 ⇒売主が履行に着手しない限り、手付金を放棄して
　　　　　　契約を解除することが可能

◎売　主 ⇒買主が履行に着手しない限り、手付金の倍額を
　　　　　　買主に支払うことで、契約を解除することが可能

らこの契約を解除することができるのでしょうか。

　相手方が履行に着手していない場合は、買主は手付を放棄し
て契約を解除することができます（557条1項）。履行の着手と
は、客観的に外部から認識できるような形で、契約の履行行為
の一部をなしたこと、または履行の提供をするために欠くこと
のできない前提行為をしたことと考えられています。たとえば、
売主が土地を売るために賃貸借契約を解消したり、測量を行っ
たりしていれば、履行の着手があったと認められます。

　売主は、手付の倍額を買主に支払うことで契約を解除するこ
とができます。この場合も、買主が履行に着手していないこと
が必要です。たとえば、買主が土地の購入資金を工面するため
に銀行に融資の申込みをしていた場合などは、履行の着手が
あったと認められると考えられます。

　また、買主が契約を解除する場合に手付を放棄することとの
バランスから、売主が売買契約を解除するためには、買主に対
し手付の倍額を現実に提供する必要があります。

手付の様々な意味合い

本文記載の解約手付の他、手付には次のような意味のものがあると言われている。
①契約成立のために交付を求められる成約手付
②契約締結の証拠として授受される証約手付
③手付の交付者が債務を履行しないとき、違約罰として没収できる違約手付
④当事者が違約した場合の損害賠償額の予定

売主の契約不適合責任

売買の目的物に種類・品質・数量・権利において様々
な欠陥が存在する場合、契約不適合にあたる

■ 売主の契約不適合責任

有償契約・双務契約の代表である売買契約では、売主は、目
的物が契約した内容に合致していることについて、買主に対し
て責任を持たなければなりません。そうしなければ、買主の契
約の目的に沿わないからです。

民法では、「契約不適合責任」という考え方を導入して、「引
き渡された目的物が種類、品質又は数量に関して契約の内容に
適合しない」（562条1項）場合における買主の請求権を定める
形で、売主の責任に関する制度を整えています。なお、売主の
責任について特約で民法と異なる定めを置くことは原則として
可能です。

■ 契約の内容に適合しない場合の救済手段

民法は、売買契約において契約の内容に適合しない給付を受
けた買主に対して、主に以下の救済手段を用意しています。

① 追完請求権（562条）

買主は、引き渡された目的物が契約の内容に適合しない場合、
売主に対して、ⓐ目的物の修補、ⓑ代替物の引渡し、ⓒ不足し
ている分に関する追加の引渡しを請求することができます。

② 代金減額請求権（563条）

買主は、ⓐ相当な期間を定めて上記の追完を催告しているに
もかかわらず、売主によって適切な追完が行われない場合、ⓑ
そもそも履行の追完が不可能である場合、ⓒ売主が履行の追完
を拒絶する意思を明確に表示した場合などには、追完が行われ

追完請求権の意義

民法が、追完請求権を
認めていることにより、
目的物の不備に応じて、
買主は目的物の修補、
代替物の引渡し、不足
分の追加引渡しなど
を、売主に対して求め
ることが可能である。

売主の契約不適合責任

土地の売買契約

売主 A ────────────────────────── 買主 B

土地 { ・権利の全部が他人に属している ・権利の一部が他人に属している
       ・土地に抵当権が付着している ・数量が不足しているなど

⇒「種類・品質・数量・権利に関して契約の内容に適合しない」（契約不適合）

買主は売主に対して契約不適合責任を追及することができる

ないことによる不適合の程度に応じて、売主に対して売買代金の減額を請求することができます。

③ 損害賠償請求および契約解除権（564条）

買主は、一般の債務不履行に関する規定に則って、売主に対して損害賠償を請求することや、契約の解除をすることができます。

たとえば、土地売買前に解除予定の抵当権が売買後に残っていた場合では、抵当権が実行されて買主が不動産の所有権を失うおそれがあり、目的不動産に抵当権が付着していることは「権利が契約の内容に適合しないものである場合」（565条）にあたり、買主は追完請求権を行使して、売主に対して抵当権を消滅させる措置を請求できると考えられます。

また、売買契約の目的物について、とくに数量を指示して締結する売買契約（数量指示売買）があります。たとえばビール20ダースを受注したのに、19ダースしか引き渡さなかった場合のように、一般に数量指示売買において、売主は不足分を補って、契約で定められた数量を満たした目的物を買主に給付する義務を負います。ただし、売却土地の面積が不足していた場合のように、追完が困難な場合もあります。

権利の不適合

「売主が買主に移転した権利が契約の内容に適合しない」（565条）場合も、契約不適合責任の対象となる。

買主に帰責事由がある場合

契約不適合について帰責事由がある買主は、追完請求権や代金減額請求権を行使できない。

契約解除権の制限

買主（債権者）に帰責事由がある場合は、契約不適合責任に基づく契約解除ができない（543条）。

■ 追完方法について

　民法は、買主に対して追完請求権を認めていますが、買主が請求したとおりに対応しなくてもよい場合があります。売主は「買主に不相当な負担を課するものでないときは、買主が請求した方法と異なる方法による履行の追完をすることができる」と規定しているからです（562条1項ただし書）。たとえば、追完の方法として、買主が別の商品を持ってくるよう指示した場合であっても、買主に大きな負担を与えない限り、売主は、代替品の給付ではなく、給付済みの商品の修理をすることによって、追完に応じることも許されることになります。

通知が不要な場合

数量や権利に関する契約不適合の場合は、売主への1年以内の通知は不要である。

■ 期間制限について

　民法は、目的物の種類・品質の契約不適合を理由として、履行の追完請求、代金減額請求、損害賠償請求、契約の解除などの権利を行使する場合には、買主がその不適合を知った時から1年以内に、不適合であることを売主に対して「通知」しなければならないと規定しています。つまり、権利を保存するための期間が設けられており、売主に通知を行うことで、各権利は保存され、1年以内に行使しなくても消滅することはありません。その後は一般の債権の消滅時効期間内（原則として権利を行使できることを知ったときから5年間）であれば、買主は契約の内容が不適合であることに基づく各権利を行使できます。

　また、売主が引渡しの時点で不適合につき悪意（知っていた）または重過失（知らないことについて重大な落ち度がある）の場合、買主は、1年以内に売主へ通知しなくても、債権一般の消滅時効の期間内に契約不適合責任を追及できます。

■ 売主の契約不適合責任と同時履行について

　たとえば、売買契約において、売主の目的物引渡債務と、買主の代金支払債務は、当事者間の特約がなければ、相手方が債

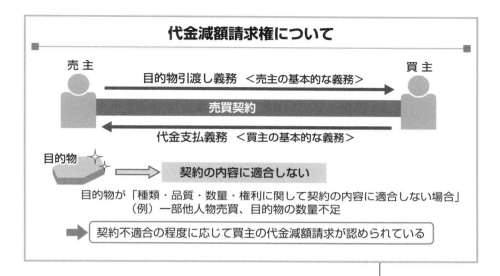

代金減額請求権について

売主 → 目的物引渡し義務　＜売主の基本的な義務＞ → **買主**

売買契約

← 代金支払義務　＜買主の基本的な義務＞

目的物 → 契約の内容に適合しない

目的物が「種類・品質・数量・権利に関して契約の内容に適合しない場合」
（例）一部他人物売買、目的物の数量不足

➡ 契約不適合の程度に応じて買主の代金減額請求が認められている

務の履行を提供するまで、反対当事者は自分自身の債務の提供を拒むことができます。これを同時履行の抗弁権といいます。

同時履行の抗弁権について、債務の履行が損害賠償請求権に転化した場合（これを填補賠償といいます）も含まれ、これは売主の契約不適合責任（損害賠償債務）と買主の代金支払債務が、同時履行の関係に立つことを意味します。

■ 代金減額請求権について

売買契約は、「当事者の一方がある財産権を相手方に移転することを約し、相手方がこれに対してその代金を支払うことを約することによって」効力が生じると規定されているように、買主の最も重要な義務は、代金支払義務ということができます。

民法は、売主が給付する目的物の代価として、買主が目的物の価値に見合った契約で定めた代金を支払うことで、買主としての義務を果たすという建付けになっています。そして、契約の内容に適合しない目的物が給付された場合、売買契約における買主の基本的な義務である代金支払義務について、買主は減

額を求めることが認められています。

　前述した事例（187ページ）のように、売主が設定した抵当権の付着した土地の売買契約において、たとえば当事者間で定めた期日までに売主が抵当権を抹消できない場合には、買主は抵当権という負担がついた土地をそのまま取得しなければならず、買主が売買契約において期待した権利（抵当権が付着しないこと）を備えていないといえます。

　その他にも、売買の目的物について、権利を主張する者が現れて、そのために買主が、買い受けた権利の全部または一部を取得することができないか失うおそれがある場合に、その危険性の大きさに応じて、代金の全部または一部の支払を拒むことができます。

　また、権利を主張する第三者が現れた場合だけでなく、たとえば債権の売買契約において、買い受けた債権の存在を否定する債務者がいるために、権利の全部または一部を失うおそれがある場合も代金の支払いを拒絶できます。

　同様に、数量を指示して行った売買契約（数量指示売買）において、売主が指示した数量よりも少ない目的物を給付した場合も、目的物の対価として定められていた代金に見合うような目的物を、売主は給付できなかったことになります。したがって、このケースの場合にも、買主は代金の減額を求めることが可能です。

**債務者が
無資力の場合**

買受人は、債務者が無資力の場合、代金の配当を受けた債権者に対し、代金の全部または一部の返還を請求できる（568条2項）。

■ 競売における買受人の権利について

　競売により買受人になった人が、買い受けた目的物に欠陥（瑕疵）があり、目的物に契約不適合がある場合に、買受人は、債務者に対して、契約の解除や、代金の減額を請求することができると規定しています。もっとも、競売により買受人になった人は、ある程度の不適合があることは覚悟の上で、買受人になっていることが一般的ですので、競売の目的物の種類・品質

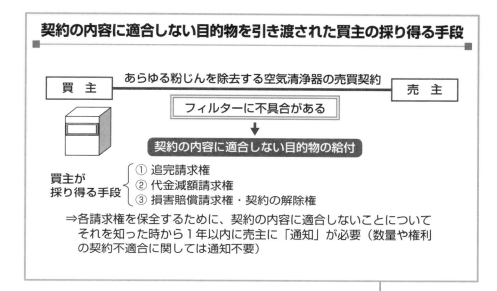

契約の内容に適合しない目的物を引き渡された買主の採り得る手段

あらゆる粉じんを除去する空気清浄器の売買契約

買主　　　　　　　　　　　　　　　　　　　　　　　売主

フィルターに不具合がある

↓

契約の内容に適合しない目的物の給付

買主が
採り得る手段
① 追完請求権
② 代金減額請求権
③ 損害賠償請求権・契約の解除権

⇒各請求権を保全するために、契約の内容に適合しないことについて
それを知った時から１年以内に売主に「通知」が必要（数量や権利
の契約不適合に関しては通知不要）

に関する不適合については、契約不適合責任を追及できません。

■ 目的物の滅失または損傷に関する危険の移転

　たとえば、建物の売買契約において、すでに建物が買主に引き渡されていた場合に、当事者双方ともに責任がない事情によって建物が焼失したときに、買主は残代金の支払いを拒むことができるのでしょうか。民法には、こうした目的物の危険が移転する時期が明記されています。つまり、売主が買主に目的物（売買の目的として特定したものに限る）を引き渡した場合において、その引渡しがあった時以後にその目的物が当事者双方の責めに帰することができない事由によって滅失・損傷したときは、買主は、その滅失・損傷を理由として、履行追完請求、代金減額請求、損害賠償請求、契約の解除ができず、代金の支払いを拒絶できません（567条）。

消費貸借

借りた物を消費する代わりに同種・同等・同量の物を
返還することを約束して成立する契約

要物契約

従来は、消費貸借契約
は、原則としてすべて
要物契約としていた
（改正前587条）。つ
まり、当事者の合意に
加えて、借主が金銭な
どを受け取った場合で
なければ契約の成立が
認められなかった。

**書面でする
消費貸借契約**

書面の代わりに電磁的
記録を利用することも
認められている（587
条の2第4項）。

**諾成的消費貸借
契約の解除に
関する規定**

借主の受領前に当事者
の一方が破産手続開始
の決定を受けたとき
は、諾成的消費貸借の
効力が失われる（587
条の2第3項）。

準消費貸借

書面を必要としないこ
とに注意が必要。

■ 消費貸借とは

消費貸借とは、当事者の一方（借主）が種類・品質・数量の
同じ物を返還することを約束して、相手方（貸主）から金銭そ
の他の物を受け取るとする契約です。住宅ローン・奨学金・
キャッシングなど、金銭の返還を約束して金銭を受け取る消費
貸借（金銭消費貸借）が広く利用されています。

消費貸借は原則として要物契約ですが（587条）、書面でする
場合に当事者の合意だけで成立する諾成契約としての消費貸借
（諾成的消費貸借）も認められています。具体的には、「書面で
する消費貸借は、当事者の一方が金銭その他の物を引き渡すこ
とを約し、相手方がその受け取った物と種類、品質及び数量の
同じ物をもって返還をすることを約することによって、その効
力を生ずる」と規定しています（587条の2第1項）。

そして、諾成的消費貸借の借主は、貸主から金銭その他の物
を受け取るまで、契約の解除ができます（587条の2第2項前
段）。これは借主に受領義務がないことを示しています。ただ
し、契約の解除で損害を受けた貸主は、借主に損害賠償請求が
できます（587条の2第2項後段）。

■ 準消費貸借とは

準消費貸借とは、金銭その他の物の給付義務を負う者がある
場合に、当事者がその物を消費貸借の目的とするのを約束した
ときに、消費貸借が成立したとみなす契約です（588条）。たと
えば、AのBに対する貸金債務と売買代金債務を1つの消費貸

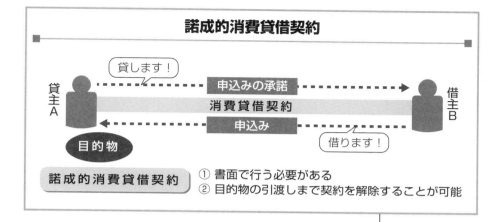

諾成的消費貸借契約

貸します！

貸主A ←----------- 申込みの承諾 -----------→ 借主B

消費貸借契約

申込み

借ります！

目的物

諾成的消費貸借契約
① 書面で行う必要がある
② 目的物の引渡しまで契約を解除することが可能

借としてまとめる場合が挙げられます。

■ 利息に関する規定

利息については「貸主は、特約がなければ、借主に対して利息を請求することができない」（589条1項）と規定し、無利息を原則としています。他方、利息の特約がある場合、貸主は「借主が金銭その他の物を受け取った日以後の利息の請求ができる」ことが明確にされています（589条2項）。

■ 貸主の引渡義務や借主による返還時期

無利息であるか利息付きであるかを問わず、貸主から引き渡された物が種類・品質に関して契約の内容に適合しない場合、借主はその物の価額を返還することで足ります（590条2項）。

また、借主による返還時期については、①返還時期を定めなかった場合は、貸主が相当の期間を定めて返還の催告ができること（591条1項）、②返還時期の定めの有無に関係なく、借主はいつでも返還できること（591条2項）を定めています。

ただし、借主が返還時期前に返還したことで損害を受けた貸主は、借主に損害賠償請求ができます（591条3項）。

消費貸借契約の予約に関する規定

諾成的消費貸借を条文化したことに伴い、従来あった消費貸借の予約に関する規定（改正前589条）は削除されている。消費貸借の予約を残しておく意義が乏しくなったためである。

契約不適合責任

売買契約の契約不適合責任のひとつとして買主の追完請求権が規定され（562条）、これが消費貸借にも準用されている。さらに、無利息の消費貸借について、贈与に関する民法551条が準用される旨が明示されている。

使用貸借

‥‥‥‥‥‥‥‥‥‥‥‥‥‥‥‥‥‥‥‥‥‥‥‥‥‥‥‥‥‥‥‥

無償で物を貸し借りする契約

■ 使用貸借契約とは

　使用貸借とは、無償で物を貸し与える契約のことです。たとえば、Aが自ら所有する家屋をタダで親戚のBに貸す場合が挙げられます。民法は、トラブルになりやすい「成立時期」「解除」「終了時期」について、明確な規定を置いています。

　使用貸借契約は、当事者が合意した時に成立する諾成契約であり、タダで貸与する無償契約です（593条）。

　また民法においては、解除権に関する規定が置かれています。まず、貸主の解除権については、安易な貸与が通常考えにくい書面による使用貸借をした場合を除き、借主が借用物を受け取るまで契約解除ができます（593条の2）。そして、借主が借用物を受領した後は、①使用収益の目的を定めた（使用貸借の期間は定めなかった）ときは、借主が使用収益をするのに足りる期間を経過した時に契約解除ができるのに対し（598条1項）、②使用貸借の期間も使用収益の目的も定めなかったときは、いつでも契約解除ができます（598条2項）。他方、借主は、使用貸借の期間や使用収益の目的の定めの有無にかかわらず、いつでも契約解除ができます（598条3項）。

■ 使用貸借の終了時期

　使用貸借の終了時期に関して、借主の死亡時に終了する他、使用貸借の期間を定めたときは、使用貸借は期間満了によって終了します（597条1項）。これに対し、使用収益の目的を定めた（使用貸借の期間は定めなかった）ときは、使用貸借は借主

使用貸借契約の成立

従来は、使用貸借の成立について、借主が借用物を受領した時に成立すると規定し、使用貸借が要物契約であると規定していた（改正前593条）。

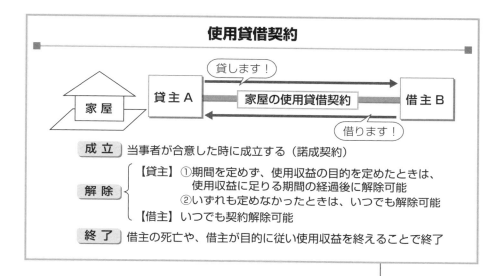

使用貸借契約

貸します！

家 屋 | 貸主 A | 家屋の使用貸借契約 | 借主 B

借ります！

| 成 立 | 当事者が合意した時に成立する（諾成契約） |

解 除
【貸主】①期間を定めず、使用収益の目的を定めたときは、使用収益に足りる期間の経過後に解除可能
②いずれも定めなかったときは、いつでも解除可能
【借主】いつでも契約解除可能

| 終 了 | 借主の死亡や、借主が目的に従い使用収益を終えることで終了 |

が目的に従い使用収益を終えることで終了します（597条2項）。

　なお、使用貸借の期間も使用収益の目的も定めなかったときは、契約解除により終了します。

■ 借主の収去義務

　改正後の民法は、借主の収去義務を定めています（599条1項本文）。具体的には、「借主は、借用物を受け取った後にこれに附属させた物がある場合において、使用貸借が終了したときは、その附属させた物を収去する義務を負う」と規定しています。これにより、使用貸借が終了または解除された場合、借主が使用していた家具や私物を、借主自身が収去する義務を負います。ただし、借用物から分離できない物や、分離に過分な費用を要する物については、例外的に収去義務を負いません（599条1項ただし書）。

　また、借用物の受領後に損傷が生じた場合は、損傷が借主の帰責事由によらないときを除き、使用貸借の終了後に、借主が損傷を原状に復する義務（原状回復義務）を負います（599条3項）。

借主が収去義務を負わない場合

収去できない物の所有権の帰属は、付合（2つ以上の物が結合して、1つの物として扱われること）の規定（242条〜244条）に従うことになる。

原状回復義務

改正前は、使用貸借の「借主は、借用物を原状に復して、これに附属させた物を収去することができる」（改正前民法598条）と規定していたため、目的物に関する借主の収去等は権利であって義務ではないと解釈することも可能だった。しかし、一般論としては使用貸借の借主には収去義務や原状回復義務があると解されており、改正前の規定は誤解を生じるおそれがあった。

賃貸借契約

■ 物を貸し借りすることの意味

賃貸借契約は、一方の当事者が相手方に、ある物の使用収益をさせることを約束し、相手方がそれに対して賃料を支払うことを約束することによって成立し、その効力を生じます（601条）。

賃貸人は、賃借目的物を利用可能な状態で貸し続ける債務を、賃借人は賃料を支払う債務を負担します。賃借人は、目的物について契約で定められた用法を守って使用しなければなりません。

■ 修繕義務について

たとえば、賃貸借契約に基づき住宅を賃借しているが、その住宅の屋根が壊れており、雨漏りがひどい状態にあるとしましょう。この場合、賃借人が賃貸人に対して修理を求めることは可能でしょうか。賃貸人には基本的な義務として、目的物を賃借人に使用収益させる義務がありますので、民法は、賃貸人は目的物の「物の使用及び収益に必要な修繕をする義務を負う」と規定しています。前述の事例では、一般的に屋根の雨漏りの修理が家屋の使用・収益に必要な修繕だといえますので、賃借人は、屋根の修繕を賃貸人に対して請求できます。しかし、賃借人の落ち度（帰責事由）により修繕が必要となったときは、賃貸人は修繕義務を負いません（606条1項ただし書）。

したがって、前述の事例で屋根を自分で壊した賃借人は、賃貸人に屋根の修繕を請求できません。また、賃借人が賃貸人に修繕が必要であると通知した場合、または修繕が必要であるのを賃貸人が知っていた場合に、賃貸人が相当の期間内に必要な

修繕の通知

賃貸人への通知をする余裕がないほどに「急迫な事情がある」場合、賃貸人への通知を行うことなく、賃借人が修繕することが可能である（607条の2第2号）。

借地借家法など

民法では契約の存続期間が短めであり、賃借権の対抗要件の定めがないなど、賃借人の保護に欠けていた。そこで借地借家法などの特別法を用意して、一定の賃貸借について民法の原則に重要な変更を加えてきた。

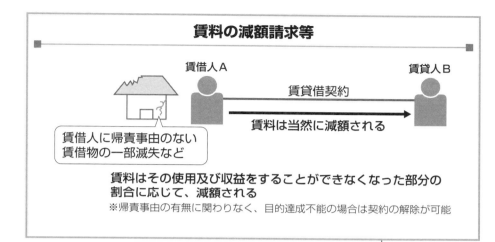

賃料の減額請求等

賃借人A

賃貸人B

賃貸借契約

賃料は当然に減額される

賃借人に帰責事由のない
賃借物の一部滅失など

賃料はその使用及び収益をすることができなくなった部分の
割合に応じて、減額される
※帰責事由の有無に関わりなく、目的達成不能の場合は契約の解除が可能

修繕を行わない場合は、賃借人自身が修繕を行うことができます（607条の2第1号）。

■ 存続期間

たとえば、大型重機のリースを目的に、賃貸借契約を結びたいと考えている業者がいたとしましょう。長期間にわたるプロジェクトにおいて、この重機を用いて継続的に工事を行いたい場合に、長期間に渡る賃貸借契約を結ぶことは可能でしょうか。

民法は、「賃貸借の存続期間は、50年を超えることができない」（604条1項）と定め、長期間にわたる賃貸借契約の締結を認めています。もっとも、契約でこれより長い期間を定めたときであっても、その期間は50年と扱われますが、この存続期間は、さらに50年を超えない期間で更新することができます。

なお、民法は「処分の権限を有しない者」が締結することのできる、契約期間が短い賃貸借についても規定しており、これを短期賃貸借といいます。この場合、土地賃貸借は5年（山林は10年）以内、建物賃貸借は3年以内、動産賃貸借は6か月以内の期間で契約を結ばなければなりません。

また、建物所有目的の土地の賃借（借地）や、建物の賃借（借家）については、借地借家法が適用され、存続期間や対抗要件などについて特別の定めがあります。

　具体的には、借地権の存続期間は30年以上となり、上限はありません。借家権の存続期間に制限はありませんが、1年未満の存続期間を定めた場合は、期間の定めのないものとみなされます。

　借地借家法があるため、民法の存続期間などの規定が適用されるのは、前述したような動産の賃貸借や、土地の賃貸借でも、メガソーラー用地など、建物所有目的でない場合になります。

■ 減収や滅失による賃料の減額請求等

　たとえば、賃貸借契約により住宅を賃貸している家屋について、台風の被害により一部の居室の使用が不可能になったとします。この場合に、賃料の減額等が認められるのでしょうか。

　民法は、賃借人が賃料の減額を請求するまでもなく、賃借物の一部滅失などが賃借人の帰責事由（落ち度）に基づくものでない限り、「賃料は、その使用及び収益をすることができなくなった部分の割合に応じて、減額される」（611条1項）として、当然に賃料が減額されることを明らかにしています。

　また、賃借物の一部滅失のために、残った部分を使用・収益するのでは、賃借人が契約の目的を達成することが困難な場合には、契約解除ができると規定しています（611条2項）。

■ 対抗力や賃貸人たる地位についての問題

　たとえば、建物の賃貸借契約が結ばれている場合に、建物の所有者である賃貸人が、建物を第三者に売却したという事例を考えてみましょう。この場合、賃貸借契約、とくに賃借人の立場はどのように扱われるのでしょうか。

　まず、建物所有目的の土地の賃借（借地）や建物の賃借（借

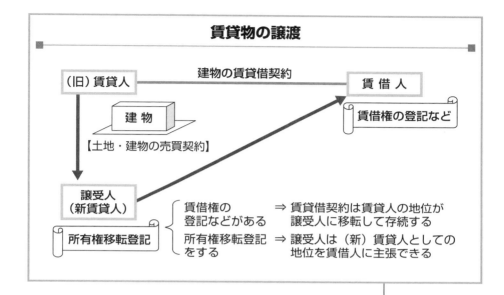

賃貸物の譲渡

建物の賃貸借契約

（旧）賃貸人 ──────────→ 賃 借 人

建 物

賃借権の登記など

【土地・建物の売買契約】

譲受人
（新賃貸人）

所有権移転登記

賃借権の
登記などがある ⇒ 賃貸借契約は賃貸人の地位が
譲受人に移転して存続する

所有権移転登記
をする ⇒ 譲受人は（新）賃貸人としての
地位を賃借人に主張できる

家）の権利については、借地借家法で対抗力について特別な定めがある点が重要です。賃借権そのものの登記はなくても、借地であれば土地の上に登記した建物を有すること、借家であれば建物の引渡し（住んでいること）が、土地や建物の譲受人等への対抗要件とされています。これにより借地人・借家人は、賃貸人の協力がなくても自分で対抗要件を備えることができます。これを賃借権の物権化といいます。

　そして、賃貸人の地位の移転等について、民法は、賃借人が、賃借権の登記などの対抗要件を備えている場合、その不動産が譲渡されたときは、その不動産の賃貸人の地位は、譲受人に移転することを明記しています。ただし、賃貸人の地位の移転は「賃貸物である不動産について所有権の移転の登記をしなければ、賃借人に対抗することができない」ので、所有権移転登記をしなければ、建物の買主は、賃借人に対して賃貸人であると主張できません。

賃貸人の地位に関する例外

本文の記載にかかわらず、不動産の譲渡人と譲受人との間で、賃貸人の地位を譲渡人のままにしておく取り決めを行うことも可能である。不動産を譲受人が譲渡人に賃貸する旨の契約を結んでいる場合であれば、その賃貸借契約の存続期間中は、不動産が譲渡された後であっても、賃貸人の地位は依然として譲渡人のままとする合意ができる。

敷金

■ 敷金とはどんなお金なのか

アパートやマンションを借りる場合、敷金や礼金を支払うことが多いものです。地域や建物の種類によっても異なりますが、敷金や礼金として家賃の１～３か月分が必要になります。礼金は、文字通り「部屋を貸してくれてありがとう」という賃貸人へのお礼のお金です。賃貸借終了のときには戻ってきません。

敷金は、地代や家賃の滞納や、賃借人が目的物を乱暴に使用した場合などに生じる損害を担保するために、あらかじめ賃借人が賃貸人に差し入れておくお金です。

たとえば、建物の賃貸借契約が終了して、賃借人が退去して建物を賃貸人（家主）に明け渡す際に、契約締結時に差し入れた「敷金」の返還を求めようと考えた場合、この請求は認められるのでしょうか。改正前の民法には敷金に関する規定が存在しなかったために、解釈による運用が行われていました。敷金の返還時期に関しても、敷金は目的物の返還までに生じる賃料その他一切の義務の履行を担保する目的で差し入れられたものなので、目的物の返還があってはじめて敷金も返還されるとし、目的物の返還が先であると考えられていました。改正法においては、敷金に関する判例や実務の運用を明文化する形で、敷金を規律する条文が新設されました。

まず、敷金の定義規定を設けて、敷金とは「いかなる名目によるかを問わず、賃料債務その他の賃貸借に基づいて生ずる賃借人の賃貸人に対する金銭の給付を目的とする債務を担保する目的で、賃借人が賃貸人に交付する金銭をいう」と規定されま

返還される敷金の金額

通常は賃貸借契約終了の際に、未納の地代・家賃や損害金などを控除（差引き）して、残額を賃借人に返還することになる。そのため、敷金がどのくらい返還されるのかは、賃貸借契約の終了後、家屋の明渡しの時点でなければわからない。

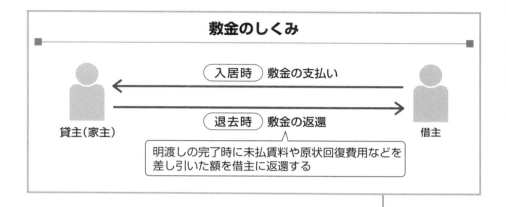

敷金のしくみ

入居時　敷金の支払い

退去時　敷金の返還

貸主（家主）　　借主

明渡しの完了時に未払賃料や原状回復費用などを
差し引いた額を借主に返還する

した（622条の２第１項柱書）。したがって、賃貸借契約におい
て、別の名称であっても、賃料等の債務を担保する目的で給付
される金銭を広く敷金に含めることが明らかにされました。そ
して、敷金の返還時期についても、賃貸借契約が終了し、かつ、
賃貸目的物が返還される時期であると明記しています。

■ 敷金に関連する諸制度の明文化

　改正法は敷金について、実務上争いが生じていた項目につい
ても規定を置いています。まず、賃借人が賃貸人の同意を得て、
適法に賃借権を第三者に譲渡した場合にも、賃借人は敷金の返
還を請求できると規定しました（622条の２第１項２号）。

　さらに、敷金の賃料債務等を担保するという法的性質が明ら
かにされていますので、賃借人が「賃貸借に基づいて生じた金
銭の給付を目的とする債務」を履行しないときは、賃貸人が、
敷金をその債務の弁済に充当できることが明記されました。

　また、改正法は、賃借人が賃料債務等を履行しないときに、
賃借人の側から、あらかじめ差し入れておいた敷金によって、
この債務の弁済に充てるよう請求することはできないと規定し
ています。つまり、賃貸借契約に基づく債務を受働債権とする
敷金との相殺を禁止しています。

賃借人の側からの相殺禁止

民法622条の２第２
項は、賃借人の側から、
賃貸借契約に基づく債
務と敷金とを相殺する
ことを禁止している。

転貸・賃借権の譲渡

■ 転貸や賃借権の譲渡とは何か

たとえば、賃貸人Aと賃借人Bとの間で建物の賃貸借契約を締結していた場合に、B（転貸人）がAの承諾を得て、適法にC（転借人）に対して、この建物についてさらに賃貸借契約を結んだとします。このときのBC間の契約が転貸借契約です。

また、一般的に債権は譲渡することができます。目的物を使用収益できる債権に着目すれば、賃借人Bが債権者、賃貸人Aが債務者となりますので、Bの賃借権もAの同意を得て、適法に譲受人に譲渡することができます。これが賃借権の譲渡です。

しかし、賃貸人の承諾がない転貸や賃借権の譲渡（無断転貸・無断譲渡）は許されず、第三者（転借人・譲受人）が使用収益をした時点で、賃貸人は賃貸借契約を解除できます（612条2項）。この点は改正後の民法でも変更がありません。

■ 転貸に関する規定

改正後の民法では、適法な転貸があった場合、「賃貸人と賃借人との間の賃貸借に基づく賃借人の債務の範囲を限度として、賃貸人に対して転貸借に基づく債務を直接履行する義務を負う」と規定し、転借人の義務の範囲を明らかにしています。

また、前述の転貸借契約の事例で、AB間の賃貸借契約が終了した場合、AはCに対して建物の引渡しを請求できるかについて、改正前民法は明確な規定を置いていませんでした。改正後の民法では、賃借人が適法に賃借物を転貸した場合、賃貸人は賃借人との間の賃貸借契約を合意解除したことを転借人には

転貸に関する改正前の規定

転貸借契約における転借人の義務に関して、改正前の民法は「転借人は、賃貸人に対して直接に義務を負う」と規定するのみであった。しかし、これでは具体的な転借人の義務の範囲が明らかではないという問題点があった。

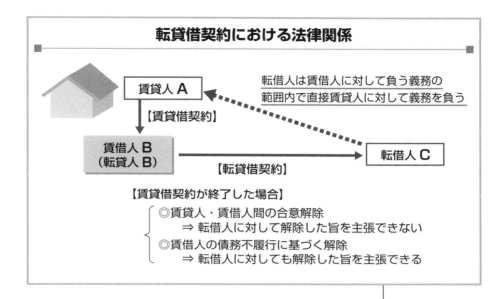

転貸借契約における法律関係

賃貸人 A

【賃貸借契約】

転借人は賃借人に対して負う義務の
範囲内で直接賃貸人に対して義務を負う

賃借人 B
（転貸人 B）

【転貸借契約】

転借人 C

【賃貸借契約が終了した場合】
◎賃貸人・賃借人間の合意解除
⇒ 転借人に対して解除した旨を主張できない
◎賃借人の債務不履行に基づく解除
⇒ 転借人に対しても解除した旨を主張できる

主張できない旨を明記しています。他方、賃貸借契約終了の原因が、賃借人の債務不履行に基づく場合は、これを転借人に主張することができ、目的物の返還請求が可能です（613条3項）。

■ 信頼関係破壊の法理

　転貸や賃借権の譲渡が認められるとしても、賃借権の場合は、誰が目的物を使うのかが、とくに賃貸人にとって重要です。賃借人の一存で見知らぬ者に転貸や賃借権の譲渡をされては、賃貸人は困ってしまいます。そこで民法は、賃借人による無断転貸や無断譲渡を禁じ、これに違反すれば賃貸人は契約を解除できるという規定を置いています（612条）。

　しかし、これを文字通り適用すると、賃借人に厳しい結果になることがあるため、判例は「信頼関係破壊の法理」で賃借人に対する救済策を講じています。この法理を用いて、無断転貸や無断譲渡が賃貸人に対する背信的行為と認められない場合は、賃貸人の契約解除権が発生しないと解釈しているのです。

信頼関係破壊の法理

信頼関係破壊に至らない賃借権の譲渡としては、たとえば、判例の事例では、夫が賃借した土地上に妻所有の建物があり、離婚に伴い、夫が妻に土地の賃借権を譲渡したものがある。無断転貸・無断譲渡について信頼関係破壊に至っていない事情は、賃借人の側に立証責任がある。他方、賃料滞納による解除の場合も、信頼関係破壊に至っていることが必要となるが、この場合は、信頼関係破壊に至っている事情について、賃貸人の側に立証責任がある。

賃貸借の終了

自然災害等により賃貸していた建物が使用できなく
なった場合、賃貸借契約は終了する

借主の収去権

民法は、本文記載のように附属物の収去義務を借主に負わせる一方で、「附属させた物を収去することができる」とも規定しており（622条、599条 2項）、附属物について、賃借人の収去権も認めている。

期間の定めのない
賃貸借契約

期間を定めずに締結した賃貸借契約は、各当事者が、いつでも解約の申入れをすることができる。

■ 賃貸借の終了とその問題点

　賃貸借契約は、通常、契約において定められた期間が満了することによって終了します。しかし、賃貸借契約の終了をめぐって、以下のようなケースで問題が生じる場合があります。

① 　建物の賃貸借契約を締結していたのですが、台風の被害に遭い、建物すべての使用が困難になってしまいました。この場合、賃貸借契約はどのように扱われるのでしょうか。

② 　建物の賃貸借契約が契約期間満了により終了するにあたり、借主が建物の明渡しを行う際に、この建物を借り受けた後に設置した、壁と床に固定した書棚に関して、収去しなければならないのでしょうか。また、日常生活を営んでいる上で、建物に生じた汚れや傷などについて、借り受けた当時の状態に戻す義務（原状回復義務）を負うのでしょうか。

■ 目的物の全部の滅失など（事例①）

　事例①に関して民法は、賃貸借契約の目的物の「全部」が、滅失その他の事由により使用・収益不能になった場合には、「賃貸借は、これによって終了する」と規定しています。

　賃貸借契約の目的物が使用・収益することが不可能な状態では、もはや賃借人にとって賃貸借契約に拘束される意味が乏しいため、上記事例①において、台風により建物が使用不可能な状態になった場合、この建物の賃貸借契約は終了します。

賃貸借契約の終了と原状回復義務

① **賃貸借契約の目的物の全部が滅失その他の事由により使用・収益不能になった場合**

➡ 賃貸借契約は終了する
∵ 賃借人にとって賃貸借契約に拘束される意味が乏しい

② **借主の原状回復義務**

➡ 賃借人は、賃借物を借り受けた後に附属させた物がある場合、賃貸借契約が終了したときはその附属させた物を収去する義務を負う

➡ 目的物の傷や汚れ等が日常生活の中で生じた通常損耗または経年変化である場合、賃借人はその原状回復義務を負わない

■ 契約終了後の原状回復義務（事例②）

　事例②に関して、民法は、使用貸借に関する規定を準用する形で、賃借物に附属させた物の収去について規定しています。賃借人は、賃借物を借り受けた後に附属させた物がある場合、賃貸借契約が終了したときにその附属させた物を収去する義務を負うとともに、収去する権利があることも明記しています。したがって、事例②において、固定された書棚の分離が容易な場合、原則として借主は、この書棚の収去義務を負います。

　また、賃貸借契約終了時における目的物の原状回復義務についても、目的物に生じた損傷が「通常の使用及び収益によって生じた賃借物の損耗並びに賃借物の経年変化」以外のものである場合に、賃借人に原状回復義務が課せられています。

　もっとも、損傷等が賃借人の帰責事由（落ち度）により生じたものでない場合には、原状回復義務を負いません。事例②において、建物の傷や汚れ等が日常生活の中で生じた経年変化である以上、賃借人は原状回復義務を負わないことになります。

借主が収去義務を免れる場合

目的物から附属させた物を分離することができない場合や、分離するのに過度な費用を要する場合には、賃借人は附属物の収去義務から免れる。

請負

仕事の完成を引き受ける契約

注文者の解除権

改正前には「請負人が仕事を完成しない間は、注文者は、いつでも損害を賠償して契約の解除をすることができる」との規定が置かれている（641条）。

■ 請負とは

　請負とは、請負人が仕事の完成を注文者から引き受け、仕事の完成に対する報酬を注文者が支払う契約類型です。請負においては、請負人の「仕事の完成」に対して、注文者が報酬を支払うという構図になっている点が特徴的といえます。

　そのため請負においては、次のような問題が生じる可能性があります。たとえば、建物の建築工事を依頼する請負契約を締結していた場合に、建物の完成以前に仕事の完成が困難になる事情があったために、注文者がこの請負契約を解除したとしましょう。この場合に、建物が途中まで完成していた場合に、請負人はどの程度の報酬を受け取ることができるのでしょうか。

　民法は、請負人がすでに行った仕事の結果のうち、可分な部分を注文者に給付することで注文者が利益を受けるときは、その部分を「部分的な仕事の完成」であるとみなすと規定しています（634条）。仕事完成前に請負契約が解除された場合の取扱いについて、注文者が受ける利益の割合に応じて「部分的な仕事の完成」と評価することの最大の意義は、請負人の報酬請求権を確保することにあります。仕事の割合的な完成が認められることにより、その割合に応じて、請負人が報酬を受け取ることができます。

　したがって、前述の事例において、建物の工事が途中で終了していても、注文者がそれによって利益を受ける場合には、その利益の割合に応じて、請負人は報酬を請求できます。ただし、注文者の責めに帰すべき事由により仕事を完成することができ

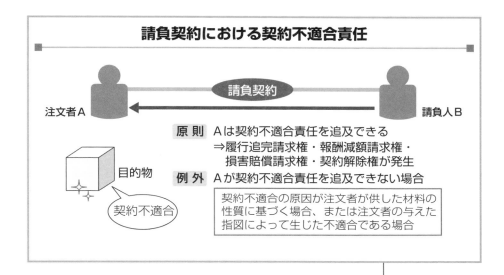

請負契約における契約不適合責任

請負契約

注文者A ← 請負人B

原 則 Aは契約不適合責任を追及できる
⇒履行追完請求権・報酬減額請求権・
損害賠償請求権・契約解除権が発生

例 外 Aが契約不適合責任を追及できない場合

契約不適合の原因が注文者が供した材料の
性質に基づく場合、または注文者の与えた
指図によって生じた不適合である場合

目的物

契約不適合

なくなった場合は、注文者は、原則として、注文者が受ける利益の割合にかかわらず、報酬全額を支払う必要があります。

■ 契約不適合の場合の解除や請負人の責任

実際に仕事が完成して目的物を引き渡した際に、注文者が注文した内容とはかけ離れた品質の目的物が納品されるというトラブルも少なくありません。民法は、基本的には売買契約の売主に関する契約不適合責任の規定（186ページ）を準用しています。

もっとも、民法は請負人の契約不適合責任が制限される場合に関して、目的物の契約内容への不適合の原因が、注文者が供した材料の性質に基づく場合、または、注文者の与えた指図によって生じた不適合である場合には、契約不適合責任（履行追完請求、報酬減額請求、損害賠償請求、契約の解除）を追及することができないと規定しています。ただし、請負人がその材料や指図が不適当であることを知りながら、注文者に告げなかった場合は、注文者は契約不適合責任を追及可能であると規定しています（636条）。

注文者に帰責事由がある場合

仕事の完成不能につき注文者に帰責事由がある場合、請負人は報酬の全額を請求できると解されている。

期間制限

目的物の性質・種類について、注文者が、契約内容に不適合があることを知った時点から1年以内に、注文者が契約内容に不適合があることを請負人に通知することで、契約不適合責任に関する各種の請求権を保存することができる。

委任・寄託

法律行為や物の保管を委託する

■ 委任とは

　法律行為を委託する契約類型を委任といいます（643条）。たとえば、弁護士に事件処理を依頼する契約などのことです。また、取締役と会社との関係も委任関係といえます。事業活動において業務委託契約という契約類型はよく見られるものですが、これが民法上の委任の性質を持つものなのか、それとも請負の性質を持つものなのかは、契約内容をよく見てみないと判断できません。委任と請負の主な違いとしては、一定の仕事の完成を約束するものであるかどうかという点であり、それを約束するのであれば、請負契約としての側面が強いといえます。

　また、委任契約は、上記の例を見てもわかるとおり、お互いの信頼関係に基づいて成り立つものですから、原則として委任者・受任者ともにいつでも契約を解除することができます。委任契約において受任者は、善良なる管理者の注意をもって受任事務を遂行しなければなりません（善管注意義務）。受任者は、委任者の許諾を得たとき、または、やむを得ない事由があるときでなければ、復受任者を選任することができず、原則として自ら委任事務を履行する義務を負います（自己執行義務）。

　民法では、委任契約について無報酬を原則のように定めていますが、現実には、報酬が定められることがほとんどです。債権法改正により、「委任事務の処理により得られた成果に対して報酬を支払うことを約した場合において、その成果が引渡しを要するときは、報酬は、その成果の引渡しと同時に、支払わなければならない」という規定が新設され、成果報酬型の委任

委任契約の任意解除権

委任契約を解除した者は、やむを得ない事由がない限り、①相手方に不利な時期に解除したとき、または②受任者の利益についても目的とする委任契約を委任者が解除したときは、相手方の損害を賠償する必要がある（651条2項）。なお、委任契約は当事者がいつでも解除できるという改正前からの取扱いは変わっていない（651条1項）。

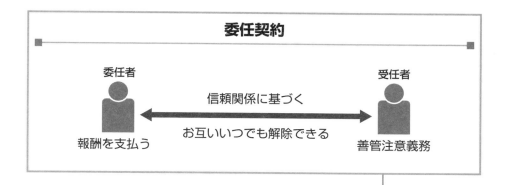

委任契約

委任者
信頼関係に基づく
お互いいつでも解除できる
受任者

報酬を支払う
善管注意義務

契約が認められ、成果報酬型の場合は、成果物の引渡しと報酬の支払いが同時履行の関係に立つことが定められました。

また、法律行為以外の事務を委託することを準委任といい、たとえば、医療契約などがあてはまりますが、委任の規定が準用されるので、法律行為の委託かどうかを意識する必要はあまりありません。

■ 寄託とは

寄託契約とは、当事者の一方がある物を保管することを相手方に委託し、相手方がこれを承諾することによって成立する契約（諾成契約）です。実際に物を預け渡さなくても寄託契約の効力が生じます。

たとえば、倉庫業者に荷物の保管を委託することなどです。倉庫業者を利用する場合は、契約約款に詳細な定めがありますので、民法の規定が問題になることはあまりありません。

なお、寄託の特殊類型として、消費寄託があります。これは、受寄者が保管している物を消費できる契約です。もちろん、保管期限が過ぎれば、受寄者は預かった物を寄託者に返還しなければなりません。たとえば、銀行との預金契約は、消費寄託にあたります。銀行は預金者から預かった資金を貸付などで運用して利益を得ています。

Column

その他の典型契約

　民法で定める典型契約には、本編で紹介した贈与、売買、消費貸借、使用貸借、賃貸借、請負、委任、寄託以外にも、交換、雇用、組合、終身定期金、和解があります。

① 交換

　お金以外の財産の所有権を交換する契約です。お金の支払いが含まれていてもよいのですが、一方がお金だけを支払う場合は交換ではなく売買となります。また、贈与と異なり、お互いに給付を行います。

② 雇用

　労働の提供に対して報酬を支払う契約です。請負との主な違いは、労働者が使用者の指揮監督下に置かれているという点です。雇用契約については、労働基準法や労働契約法をはじめとする労働法規に定めがありますので、民法の規定が問題となる場合は限定的です。

③ 組合

　各当事者が出資をして共同の事業を営む契約です。たとえば、複数の者が出資をしてお店を開業する場合などです。株式会社を設立すれば、株主は出資の限度でしか責任を負いませんが、組合の場合は、事業で生じた負債などについて、組合契約の当事者が直接責任を負うことになります。

④ 終身定期金

　相手方または第三者が死亡するまで定期的に金銭等を支払う契約です。公的年金や年金保険があるので、あまり利用されることはありません。

⑤ 和解

　当事者が互いに譲歩をして当事者間の争いをやめることです。たとえば、交通事故で示談をする場合などです。「互いに譲歩して」することが必要になりますので、相手方の要求を一方的に受け入れるような契約は、和解契約とはいえません。

PART 5

事務管理・不当利得・不法行為

事務管理

法律上の義務はないが他人の事務を処理する行為

■ 小さな親切？大きなお世話？

　事務管理は、法律上の義務はないのに（他人から委託を受けずに）、他人の事務を処理する行為です（697条）。「事務」の「管理」といっても帳簿整理のような仕事ではなく、生活に必要な一切の仕事を処理することをいいます。他人の事務を処理するものには、委任もあります。委任契約に基づいて委任者と受任者との間に債権・債務が発生します。ところが、頼まれもしないのに何かしてあげたとしたらどうなるでしょうか。頼まれて引き受けたのでないなら、契約は成立せず、義務もないのにやった単なるおせっかいになるだけで、何も債権関係は生まれないはずです。それどころか、他人の生活領域に勝手に踏み込んだということで、不法行為にもなりかねません。

　では、頼まれずに何かをしてあげたような場合には、一切の債権関係は生じないのでしょうか。頼まれずにやったとはいえ、それが本人の利益になり、意思にもかなうものだったら、せめて事務管理者が負担した修理代の請求くらいはできてもいいでしょう。つまり、社会における相互扶助行為を適法な行為とし、他人の事務の管理者（事務管理者）と本人（事務をしてもらった人）との間の利益の調整を図るための制度が事務管理です。

（相互扶助行為）
助け合い精神で行う行為のこと。

相互扶助行為
助け合い精神で行う行為のこと。

■ 事務管理の要件と効果

　事務管理は、管理者の行為が、①法律上の義務のない管理であること、②他人の事務であること、③他人のためにする意思（事務管理意思）があること、④本人の意思および利益に適合

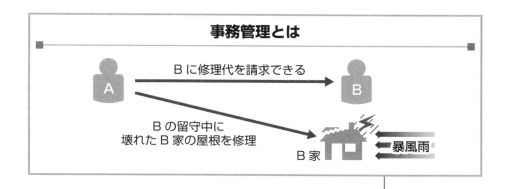

事務管理とは

B に修理代を請求できる

A → B

B の留守中に
壊れた B 家の屋根を修理

B 家 ← 暴風雨

していること、によって成立します。

　つまり、契約や法的地位によらないで、他人の生活に必要な
ことを、他人の利益を図る意思でやってあげるわけです。ただ、
本人の意思があらかじめわかる場合にはそれに従うことが必要
ですし、本人の意思・利益に反することが明らかな場合は、管
理を中止しなければなりません（700条ただし書）。

　事務管理が認められると、管理行為は違法とはいえず、本人
と管理者との間に債権関係が発生します。管理者には、かかっ
た費用の償還請求権が発生しますが（702条）、法律に特別の規
定がある場合を除いては、報酬までは請求できません。特別の
規定のある場合とは、たとえば、落し物を届けたときに、遺失
物法により報労金が支払われる場合などです。管理者が事務管
理をした結果、損害を被ったような場合にも、管理者は本人に
損害賠償を請求することはできません。

　なお、緊急を要する事務管理の場合は、管理者に悪意または
重大な過失がなかったのであれば、管理者の行為によって生じ
た損害を本人に賠償しなくてもよいことになっています（698
条）。たとえば、車にひかれそうになった人を突き飛ばして助
けてあげる際に、本人を転ばせて本人の洋服を破いてだめにし
たとしても、重過失があるとはいえず、洋服代は弁償する必要
はありません。

不当利得

法律上の根拠がなく得た利益の処理

■ 不当利得とは

　不当利得とは、法律上の根拠がないのに利益を得てしまい、本来利益を得るべき人がその分だけ損失を被っている場合をさします。この広い定義からもわかるとおり、様々な請求を基礎づける根拠になります。たとえば、利息制限法の上限を超えた利息を受領した貸金業者に対する過払金返還請求などがあります。公平の理念に基づくこの制度は、法律上の根拠がない（その意味で不当な）財貨の移転や帰属を、本来のあるべき姿に直すためのものだと言われています。

　不当利得返還請求権は、①他人の財産または労務によって利益を受けたこと（受益）、②他人に損失を与えたこと、③受益と損失との間に因果関係があること、④受益が法律上の原因を欠いていること、の4点を要件とします。

　不当利得には、受益者が善意（知らずに利得をしてしまった）の場合と、悪意（本来自分のものにならないのを知りながら利得をする）の場合とがあります。どちらであるかによって、返還義務の範囲が異なります。善意の受益者は、「その利益の存する限度」において返還義務を負い（703条、これを現存利益といいます）、悪意の受益者は、受けた利益の全額に利息をつけて返還し、損害がある場合にはその賠償もしなければなりません（704条）。

■ 非債弁済

　普通、債務がないのに弁済してしまったとき（これを、広く非債弁済といいます）には、それを不当利得として返還請求で

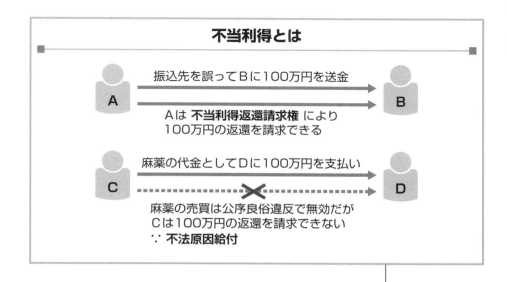

不当利得とは

振込先を誤ってBに100万円を送金

Aは **不当利得返還請求権** により
100万円の返還を請求できる

麻薬の代金としてDに100万円を支払い

麻薬の売買は公序良俗違反で無効だが
Cは100万円の返還を請求できない
∴ **不法原因給付**

きるはずです。しかし、債務がないのを知っていて「わざと」弁済した場合には、返還請求は許されません（705条）。期限が来ないのに早まって弁済した場合も、債務は存在しているのですから、根拠のない弁済になるわけではありません。錯誤による場合を除いて返還請求はできません（706条）。

■ 不法原因給付

公序良俗に反する契約は無効です（90条）。しかし、麻薬の代金や売春の対価などを支払った後で、無効だからといってそのお金の返還請求を認めるわけにはいきません（708条本文）。返還請求を認めると、法律が悪いことをするのを奨励するような結果になってしまうからです。

ただ、不法の原因が給付する側（給付者）ではなく、利益を受けた側（受益者）にだけ存在する場合は、この限りではありません（708条ただし書）。たとえば、ヤミ金業者から法外な利率でお金を借りた場合、不法の原因はヤミ金業者のみにあるといえる場合には、お金を返す必要がないことになります。

クリーンハンズ の原則

自ら法を尊重する者だけが、法の尊重を要求することができるという原則。たとえば、Bが Aから賭博によって金を巻きあげたという場合、賭博は公序良俗に反するものであるため、BはAから奪った金を保持しておくことはできないはずである。しかし、AはBに対して不当利得返還請求（民法703条）をすることはできない。なぜなら、Aも賭博という不法な行為に関わっているので、法律に助けを求めることはできないとされているからである（同法708条）。不法原因給付に関する民法の規定は、クリーンハンズの原則が表れているといえる。

不法行為の意義

故意または過失により他人に損害を与える行為

■ 不法行為の意義

　不法行為は、故意または過失によって他人に損害を与えた場合に、その損害を賠償させる制度です（709条）。発生した損害のてん補（埋め合わせ）や損害の公平な分担の実現をめざした制度です。

■ 不法行為の成立要件

　不法行為が成立するためには、以下の要件が必要です。

① **故意または過失**

　故意は、結果が発生することを知っていてわざとすること、過失は、通常なら他人に損害を与える結果が発生することがあらかじめわかって、それを回避できたはずなのに（回避する義務があったはずなのに）、不注意にもそれをしなかったこと（結果回避義務違反）、と理解されています。

② **違法性**

　他人の権利または、法律上保護される利益を侵害することです。

③ **損害の発生**

　不法行為でいう損害は、財産的な損害ばかりでなく、精神的な損害も含まれます（710条）。財産的損害の中には、ケガをしてかかった治療費のような積極的損害（マイナス分）と、入院中得られなかった収入のような消極的損害（プラスになるはずだった分）とがあります。精神的損害を償うのが慰謝料です。

④ **因果関係**

　加害者の行為によって損害が発生したという原因・結果の関

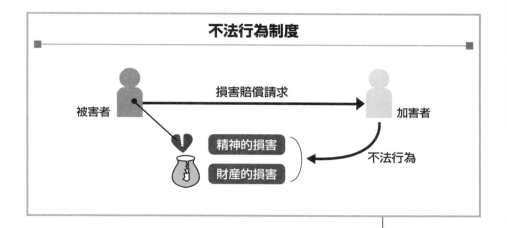

不法行為制度

被害者 ——損害賠償請求——→ 加害者

精神的損害
財産的損害

不法行為

係にあることが必要です。

⑤　**責任能力**

　加害者には、不法行為の責任を負う能力（責任能力）、つまり、自分の行為がどんな結果をもたらすかを見極める能力が備わっていなければなりません。

■ 不法行為の効果

　不法行為の成立要件を満たすと、その効果として損害賠償請求権が発生します。損害賠償の方法としては、金銭賠償が原則です。つまり、不法行為によって侵害された損害について金銭に評価することで、損害を補てんするという考え方が基本とされています。

　もっとも、金銭賠償によっては適切に損害が賠償できない場合には、金銭以外による賠償が認められる場合があります。たとえば、ある人の名誉が毀損された場合、名誉毀損行為は不法行為になり得ますが、金銭による賠償の他に名誉を回復するのに適当な処分を加害者に求めることができます（723条）。具体的には、新聞や雑誌に謝罪広告を掲載させるなどの方法が挙げられます。

因果関係について

公害や医療行為などの不法行為が問題になる場合は、因果関係を証明することが困難な場合も少なくない。そこで、これまで判例等により、柔軟に因果関係の存在が判断されたケースも多い。

責任能力に関する規定

民法は責任能力について、未成年者のうち責任能力を持たない者（712条）に関する規定と、心神喪失者（713条）に関する規定を置いている。

民法上の特殊な不法行為

**直接加害行為を行っていなくても損害賠償責任を負う
場合がある**

■ 特殊な不法行為

　民法は709条だけでは救済が困難な場合に備えて、その原則
を修正した特殊の要件で成立する不法行為を規定しています。

　これらの特殊な不法行為には、①責任無能力者の監督者の責
任、②使用者責任、③工作物責任、④共同不法行為、の４つが
あります。

■ 責任無能力者の不法行為

　民法は、不法行為責任が成立する場合であっても、責任能力
を負わない未成年者（年少者）や心神喪失状態にある人につい
ては、自分自身の行為にどのような法的な効果があるのかを認
識する能力を欠いていると考え、故意・過失により一時的な責
任無能力状態を招いた場合を除き、損害賠償責任を負わないと
規定しています。しかし、この場合に損害を被った被害者が
まったく救済されないというのは、不合理だといえます。そこ
で民法は、責任能力を負わない人を監督する、一定の立場にあ
る人が、不法行為責任を負う場合を規定しています（714条）。

　監督者として責任を負う場合があるのは、未成年者等につい
ては、親権者や後見人などが挙げられます。また、親権者や後
見人に関しては、監督義務が法定されているわけですが、その
ような法定の監督義務が課されていない場合であっても、損害
賠償義務が認められる場合があります。例としては、精神病院
の医師等が挙げられますが、場合によっては保育園や幼稚園の
保母等について、監督責任が肯定される場合もあります。

**成年後見人は
法定の監督義務が
あるか**

最近の判例には、責任
無能力者（精神障害者）
と同居する配偶者かつ
成年後見人であるから
といって、直ちにその
者が責任無能力者の法
定の監督義務者にあた
るとはいえないとした
ケースもある。

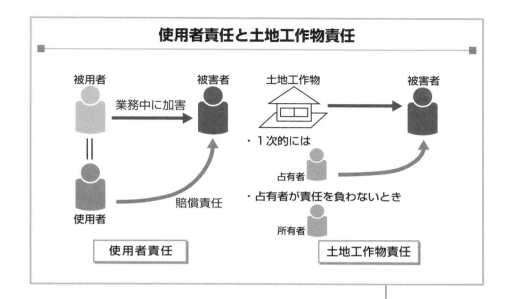

使用者責任と土地工作物責任

被用者 業務中に加害 被害者

＝

使用者 賠償責任

使用者責任

土地工作物 被害者

・1次的には

占有者

・占有者が責任を負わないとき

所有者

土地工作物責任

■ 使用者責任

　ある事業をするために他人を使う者（使用者）は、自分が雇っているその他人（被用者）が、その事業の執行について他人に損害を与えた場合に、それを賠償する責任を負わされています（715条）。これを使用者責任といいます。

　使用者は、被用者（労働者）を使用することで自己の活動範囲を拡大し、多くの利益を収めているのですから、使用者の事業に伴って生じる損害については、使用者が負担するのが公平であると考えられます（報償責任の法理）。また、実際に不法行為を行った被用者は、多くの場合、賠償の資力が乏しく、被害者の救済が十分とはいえません。そこで、使用者に責任を認めたわけです。

■ 土地工作物責任

　土地の工作物の設置または保存に瑕疵（欠陥）があったため、第三者が損害を被ったときには、工作物の占有者が被害者に対

して損害賠償責任を負います。しかし、占有者が損害発生防止のため必要な注意をしていたときは、占有者が免責され、代わりに工作物の所有者が、損害防止に必要な注意をしていたとしても、損害賠償責任を負います（717条）。この規定は、企業が設置する危険物から生ずる損害について、企業に無過失責任を課す足がかりとして重要なものです。つまり、工作物の占有者とは異なり、所有者には免責規定がありませんので、過失の有無を問わず、損害賠償責任を免れることはできません。

「設置・保存の瑕疵」とは、工作物がその種類に応じて通常備えるべき安全な性状・設備を欠いていることとされています。工作物の用途や用法に照らして通常備えている安全性を欠いている場合にはじめて瑕疵となります。たとえば、踏切自体が危険だ、というのではなく「保安設備のない、交通量の多い踏切」には瑕疵がある、という判断になるわけです。

■ 共同不法行為

不法行為に関して、複数の人が関与して1つの損害が発生する場合があります。とくに被害者が確実に損害からの救済を受けるためには、できるだけ多くの賠償義務者を引き入れる法制度が理想的だといえます。そこで民法は、複数の者による不法行為（共同不法行為）に関する規定を、以下のように3つの類型に分けて置いています。

① 数人が共同して他人に損害を与えた場合

たとえば、数人で1人の人間を殴打した場合のように、複数人が共同して不法行為に及んでいることが客観的にも明確な場合が挙げられます。共同不法行為者各人について、独立して不法行為の要件を備えているようなケースですが、被害者は各人に損害賠償請求を行う負担を負うことなく、これら共同不法行為者に対して、一体的に損害賠償請求を行うことが可能です。

② 加害者が不明の共同不法行為

不真正連帯債務とは

民法が規定する共同不法行為に関する責任が認められる場合、数人の加害者は「連帯して」賠償責任を負うという特徴がある。つまり、被害者は原則として、共同不法行為者各人に対して、不法行為責任を追及することができる。この場合の責任は不真正連帯債務であると考えられている。各共同不法行為者が共謀や共同の認識をもって不法行為に及んでいなくても、客観的な状況から判断して、共同して不法行為を行ったといえる状況であれば、共同不法行為者として、連帯責任が肯定される。

共同不法行為

①　数人が共同して他人に損害を与えた場合

（例）数人で1人の人間を殴打した場合

②　加害者が不明の共同不法行為

複数の者が同時に不法行為を行い、厳密な意味で加害者が誰であるのか不明確
　⇒ 行為者全員が連帯して不法行為責任を負う

③　教唆・幇助

他人をそそのかして不法行為を行わせる（教唆）・道具を提供して助ける（幇助）
　⇒ 直接の行為者と同時に連帯して不法行為責任を負う

　共同不法行為において、とくに重要な類型が加害者不明の共同不法行為です。たとえば、AとBが同時に投石したことにより、Cの家の窓が割れたとしましょう。この場合、不法行為の成立要件において、Cの家の窓を割ったのがAによる投石が原因なのか、またはBの投石によるものなのかが重要になります。仮にAの投石に基づくものであれば、窓が割れたという損害の発生につき、Bの投石行為は因果関係を欠くため、Bは損害賠償責任を免れ得るためです。しかし、厳密な意味で加害者が誰であるのかが明確でなければ、不法行為責任を追及できないというのでは、不法行為責任が被害者の救済として不十分な制度となってしまいます。そこで民法は、共同行為者のうち誰の不法行為が損害を加えたのかが不明確な場合、行為者全員が連帯して不法行為責任を負うと規定しています。

③　教唆・幇助

　直接は不法行為を行っていなくても、他人をそそのかして不法行為を行わせたり（教唆）、道具を提供して助けた場合（幇助）、補助的行為を行った者についても、連帯して不法行為責任を負わせています。

Column

法人の不法行為能力

　法人とは、「自然人（個人）以外で法律上の権利や義務の主体となることができるもの」であり、法人は民法その他の法律で決められたものが設立でき、定款などで定められた目的の範囲内で権利義務を有するとされています（33条、34条）。この権利や義務の主体となり権利能力が認められる資格のことを「法人格」といいます。本来、団体や組織は人ではありませんが、法人格を得ることで人と同様に権利や義務の主体となり、契約を締結したり、不動産を所有するなど、法人名義で様々な活動を行えるようになります。

　法人が活動を行う中で不法行為があった場合の法人の責任については、①代表取締役が職務を行うについて第三者に加えた損害を賠償する責任（会社法350条）があります。たとえば、代表取締役が労働災害の防止措置をとらなかったため労働災害が発生してしまい従業員等が損害賠償を請求した場合です。このとき法人に不法行為責任が発生するのは代表取締役の行為が不法行為の一般的要件を満たし、その行為が職務を行うについて損害が発生した場合に限られます。「職務を行うについて」という要件は、行為の外形から見て客観的に判断されることになります。したがって、行為が「職務を行うについて」なされたものではないと認められる場合には代表取締役が不法行為責任を負うのみで、法人は不法行為責任を負わないことになります。

　その他、②職務に際して行われた従業員等の不法行為に関する使用者責任（715条）、③土地上の工作物の瑕疵についての土地工作物責任（717条）、④製造物の欠陥についての製造物責任（製造物責任法3条）などにより、法人の不法行為責任が発生することがあります。

PART 6

親族法・相続法

親族

一定範囲の親せきを親族と呼ぶ

■ 法律上の親族とは

　親族・家族について規定しているのは民法という法律です。民法は、①６親等内の血族、②配偶者、③３親等内の姻族を親族としています。順に見て行きましょう。

①　６親等内の血族

　血族とは血縁のつながっている者をいいます。本当に血のつながっている者同士の関係（自然血族）の他に、民法は養親とその血族と、養子とのつながりにも血族関係（法定血族）があるとしています。

　親と子、祖父母と孫というように血族の一方が他方の子孫にあたる関係を直系、兄弟姉妹、おじおばとおいめいなど共通の祖先から分かれた２つの枝の関係にある血族を傍系といいます。

　また、自分よりも上の世代を尊属、自分よりも下の世代を卑属といいます。ただし、尊属・卑属は、必ずしも年齢とは関係ありません。

②　配偶者

　男性から見れば妻、女性からみれば夫が配偶者です。配偶者は親族の中でも特殊な地位にあり、血族でも姻族でもなく親等もありません。

③　３親等内の姻族

　自分の配偶者の血族（義理の父や母など）、または自分の血族の配偶者（兄嫁、姉婿など）を姻族といいます。

親族の法律的効果

民法は親族である場合に、一定の法的効果を認めている。たとえば、親族間には扶養義務が発生する。また、ある者が亡くなった場合には、その者の配偶者をはじめ、一定の親族に対して相続権が認められる。

親等のしくみ

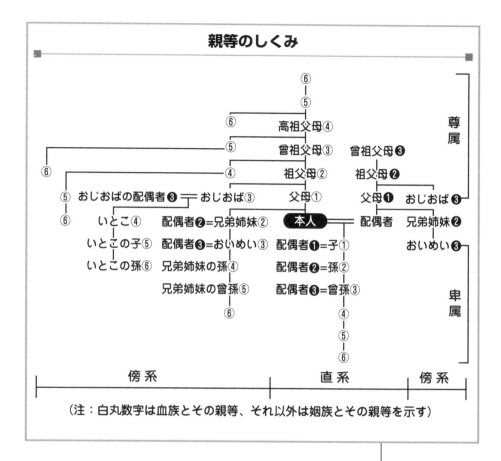

（注：白丸数字は血族とその親等、それ以外は姻族とその親等を示す）

■ 親等を実際に数えてみる

　親等は、親族間の世数で、血族の遠近を測るモノサシです。親子1代を1つの単位として、親子は1親等、祖父母と孫は2親等と数えます。傍系血族については、その一方から共同の始祖に遡り、他の一方に下るまでの世代数を数えて求めます。

　たとえば、兄弟姉妹は、共同の始祖である父母に対して1親等、共同始祖から兄弟姉妹まで1親等、あわせて2親等となります。同じようにして、おじおばとおいめいは3親等にあたります。

婚姻・離婚

婚姻することで夫婦には、同居・協力・扶助・貞操義務が生じる

■ 婚姻とは

婚姻とは、男女間の合意により、夫婦という共同体を形成することをいいます。未成年者が婚姻をしたときは、民法上、成年者として取り扱われます。婚姻により、夫婦は、夫または妻の氏を称することになります。夫婦には、同居・協力・扶助の義務が生じます。夫婦間の財産について、一方が婚姻前からもっていた財産や婚姻中に自己名義で得た財産は、各人それぞれの財産になります（夫婦別産制）。日用品の購入など、日常の家事に関して生じた債務は夫婦で連帯して責任を負います。

なお、婚姻は18歳以上でなければすることができず、女性については再婚禁止期間に注意しなければなりません。具体的には、女性は前婚の解消、あるいは、前婚の取消しの日から100日を経過しなければ、再婚をすることが認められません。これは、前婚と後婚との間に生まれた子どもについて、父親が不明確になることを防ぐ趣旨です。前婚の解消・取消しの時点で懐胎していなかった場合、あるいは、前婚の解消・取消し後に出産した場合には、再婚禁止期間の適用はありません。

■ 離婚とは

民法は、以下のような離婚制度を定めています。

① 協議離婚

当事者同士の話し合いによる離婚を「協議離婚」といい、実際に離婚する夫婦の9割以上が協議離婚によって離婚しています。協議離婚では、離婚届に必要事項を記入して提出すれば、

婚約とは

将来の結婚を約束することを婚約という。婚約が成立すると、当事者はお互いに誠意をもって交際し、結婚を実現させるように努力をしなければならない義務が生じる。当事者の間で合意があれば、口約束だけであっても、婚約は有効に成立する。

内縁とは

夫婦同然に生活をしていて結婚の意思もあるが、婚姻届は出していないという場合を内縁という。「事実婚」と称して婚姻届を出さずに生活する夫婦も増えているが、これも一種の内縁関係である。婚姻届を出していない以上、基本的には法律上の結婚とは区別して扱われることになる。

同棲

内縁と似た関係に、同棲がある。同棲とは、基本的には、生活を共にし、外見的には夫婦のように暮らしていても、結婚するという意思がない関係のことを意味する。

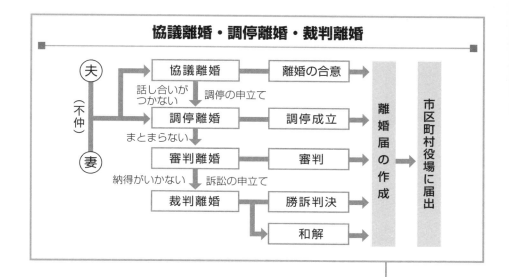

離婚成立となります。

② 調停離婚

　離婚調停とは、離婚の条件などでもめて、2人の間で話し合いがつかない場合に、家庭裁判所で離婚の調停を行うことをいいます。

③ 審判離婚

　調停によっても話がまとまらず、調停委員が審判にまわした方がよいと判断した場合などには、家庭裁判所で審判をすることになります。

④ 裁判離婚

　調停で話し合いがつかない、家庭裁判所の審判にも納得がいかない、という場合に、最終的には離婚訴訟を起こして離婚の請求をすることになります。これが「裁判離婚」です。訴訟を起こす場合には、法定離婚事由（①不貞行為、②悪意の遺棄、③配偶者の3年以上の生死不明、④配偶者の強度の精神病への罹患、⑤その他婚姻を継続し難い重大な事由）のいずれかの事由が必要になります。

離婚の際に問題となる事項

①離婚の成否の他、②離婚前の別居状態における婚姻費用の分担、③子の親権の帰属、④養育費の負担、⑤財産分与、⑥慰謝料などが問題となる。

有責配偶者からの離婚請求

不貞行為などをした有責配偶者からの離婚請求は、原則として認められない。ただし、①別居状態が相当長期間に及び、②未成熟の子がおらず、③相手方配偶者が離婚により精神的・社会的・経済的に極めて過酷な状態におかれるなどの事情がないのであれば、認められる場合がある。

親子

法律上の親子関係は実の親子に限られない

■ 嫡出子と非嫡出子の関係

　親子関係は、人間関係の中で最も密接な関係であるばかりではなく、社会を構成する人間集団の中でも、最も中核になる関係です。親子関係には、血縁関係のある自然の親子（実親子）と、自然の血縁はないが、親子関係が擬制（法律上そのようにみなすこと）される養親子とがあります。

　親との間に血のつながりがあると法律上認められる実子は嫡出子と非嫡出子（嫡出でない子）に分かれます。嫡出子は、婚姻関係にある男女の間に生まれた子（婚姻子）で、それ以外の子を非嫡出子（婚外子）といいます。これは、婚姻制度を維持するために法の手続を踏んで婚姻している男女の結びつきを正当と認め、それ以外の男女の結びつきから生まれた子と区別するものです。嫡出子も非嫡出子も自分の父親が死んだ場合、同じ割合で、父の財産を相続する権利を持ちます。

嫡出子

法律上の婚姻関係ある父母の子。

■ 認知について

　非嫡出子は、そのままでは法律上「父のない子」です。非嫡出子が父親との間に親子関係をもつには、父親の認知が必要です。認知により父子関係が生じることになりますが、注意しなければならないのが、原則として、認知の効果は、出生時にさかのぼって生じるという点です。つまり、有効な認知届が提出されると、認知を行った後からではなく、その子が生まれた時から父子関係が存在していたものと扱われます。認知には、父が自らの意思でする任意認知と、裁判によって確定される裁判

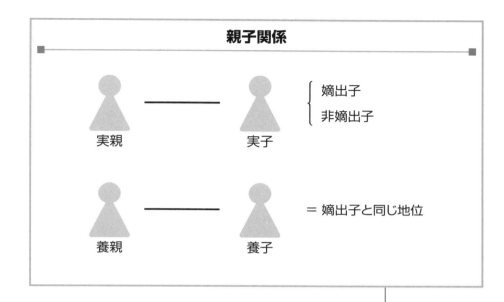

親子関係

実親 ―――― 実子
　　　　　　　　{ 嫡出子
　　　　　　　　非嫡出子

養親 ―――― 養子 = 嫡出子と同じ地位

上の認知（強制認知）があります。いずれの場合も認知された結果、その子と父親は、生まれたとき（認知されたときではない）から親子であったことになります。

　父親が子の認知をしないときには家庭裁判所の認知調停を利用することができます。実際には子の母親などが代理人として申立てを行うことになります。申立書には、認知がなされていないこと、相手方が話し合いに応じないことなど、調停の申立てに至った事情を記載します。

　なお、父親が認知した後に、その子の母親と結婚すると、子は嫡出子になります。また、子の母と父が婚姻していて、後に子を認知する場合も同様です。これを準正といいます。認知先行の場合が婚姻準正、婚姻先行の場合が認知準正です。

■ 養子とは

　自然的な血縁関係から生まれた子のことを実子といいます。これに対して、養子とは血縁関係のない者同士が養子縁組とい

連れ子との養子縁組

連れ子が原則15歳未満であれば、特別養子縁組の選択を検討できる。他方、普通養子縁組の場合、連れ子が未成年でも、家庭裁判所の許可が不要である他、嫡出子であれば配偶者の同意を得て単独で縁組ができるが、非嫡出子であれば夫婦が共同して縁組をする必要がある。

う法律上の手続きによって親子関係を結んだ場合の子のことで
す。養子縁組の届出をすることで養親子関係が生まれ、養子に
は嫡出子（法律上の婚姻関係ある父母の子）と同じ身分が与え
られます。

　届出は養親となる者がしても養子となる者がしてもかまいま
せん。縁組届には、養親と養子の戸籍謄本が必要になる場合が
あります。届出用紙は区役所や市町村役場にありますので気軽
に問い合わせてみてください。

　養子は養親と同じ姓を名乗り、養親の親権に服します。相続
権も、嫡出子と同様に認められます。

　養子縁組には普通養子縁組（当事者の合意で成立するもの）
と特別養子縁組（子の成長・子の養育により重点を置いた養子
縁組制度で家庭裁判所の審判によって成立するもの）の2種類
があります。

■ 養子縁組が成立するためには

　普通養子縁組では、当事者同士が合意していること（縁組の
意思の合致）が必要です。合意がなければ養子縁組は無効です。

　養親となる者は成年者でなければなりません。養親が夫婦の
場合に未成年者を養子とするには、原則として夫婦が共同で行
うことが必要です。養親が夫婦で成年者を養子とする場合は、
夫婦の一方が単独で養子縁組することができますが、他方の配
偶者の同意を得なければなりません。養子となる者が夫婦であ
る場合も、夫婦の一方が他方の同意を得て単独で養子縁組をす
ることができます。

　自分の尊属や年長者を養子にすることはできません。ただ、
1日でも年下であれば年長者ではありませんので、養子にする
ことができます。嫡出子を養子にすることはできませんが、非
嫡出子（婚外子）を養子にすることは可能です。また、未成年
を養子にする場合には、家庭裁判所の許可が必要です。家庭裁

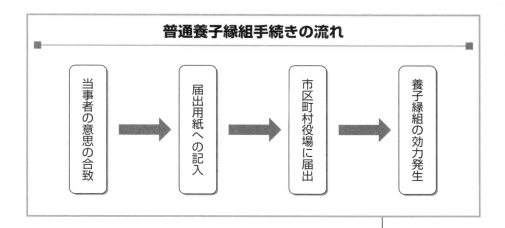

普通養子縁組手続きの流れ

当事者の意思の合致 → 届出用紙への記入 → 市区町村役場に届出 → 養子縁組の効力発生

判所の許可が必要とされるのは未成年者の利益を守るためです。

　未成年者を養子にする場合、家庭裁判所に養子縁組許可の申立てを行います。申立書には、未成年者の本籍・住所・氏名、縁組を希望する事情、養父・養母の状況などを記載します。また、養子となる者の実の両親についても記載します。

　15歳未満の子を養子にする場合は、さらに法定代理人（親権者など）の承諾が必要となります。

　妻の連れ子や先妻の子は、夫や後妻と養子縁組をしないと、夫や後妻の財産について相続権が認められません。

■ 特別養子縁組とは

　特別養子制度は、養親と養子との間に実の親子と同様の強固で安定した親子関係を成立させようとする制度です。子どもを実子同然に育てることができるという点で、普通養子よりも子の養育に重点を置いた養子制度ということができます。ただし、特別養子縁組が認められるためには、養子となる子は原則として15歳未満でなければならず、養親となるためには、配偶者がいることが必要で、夫婦ともに養親となる必要があり、夫婦の一方が25歳以上で、他方も20歳以上でなければなりません。

特別養子縁組の要件の緩和

特別養子縁組の利用を促進するため、令和元年に成立し、令和2年4月より施行された民法等の改正により、要件が緩和された。養子となることのできる年齢が原則6歳未満から原則15歳未満に引き上げられた他、養親候補者の負担を軽減するため、家庭裁判所の手続きが合理化された。

相続人の範囲

相続人の範囲は法定されている

■ 相続人になれるかどうかは法律で定められた順位による

亡くなった人の財産を承継するわけですから、その人の家族や身内など、親族に相続権があるのは当然です。民法は、相続人になれる人の範囲を明確に定めています（範囲内の人を法定相続人ともいいます）。つまり、民法が定めた範囲内の人だけが相続人となり、それ以外の人は相続人には絶対になれません（遺贈などを受けることはできます）。相続人の範囲は、次ページの図のとおりです。配偶者が相続権を有することについては問題ありません。配偶者とは、婚姻届を提出して法律上の婚姻関係にある夫または妻のことです。戸籍上の配偶者であれば常に相続人となります。相続人になるのは相続開始時の配偶者だけで、離婚した元配偶者は相続人には含まれません。

では、配偶者以外の法定相続人はどのように決まるのでしょうか。これについては、順位が定められており、上の順位の者がいるときは、下の順位の者に相続権はないとされています（被相続人の生存中に最優先の相続順位にある人を推定相続人といいます）。

被相続人に子がある場合には、子が相続人となり、たとえ直系尊属がいても、また兄弟姉妹がいてもこれらの者に相続権はありません。被相続人に子がいないときは、直系尊属が相続人となります。兄弟姉妹が相続人になるのは、被相続人に子も直系尊属もいないときに限られます。

相続人のうち、もう一方の配偶者はどのような立場にあるのでしょうか。民法は、「被相続人の配偶者は、常に相続人とな

内縁の配偶者

相続権がある配偶者とは、婚姻届が出されている戸籍上の配偶者のことである。婚姻届を出していない内縁の配偶者には相続権がない。たとえ長年いっしょに生活し、周りの者が夫婦であると認めていても内縁の配偶者には相続権はなく、戸籍上の配偶者であればどんな冷めた関係にあっても相続権があるということになる。

相続人の順位

第1順位は子であるが、相続開始前に、子が死亡・相続権喪失のときは、子の直系卑属が相続人となる（代襲相続）。
第2順位は直系尊属であり、相続開始前に、父母が死亡・相続権喪失のときは、祖父母が相続人となる。
第3順位は兄弟姉妹であるが、相続開始前に、兄弟姉妹が死亡・相続権喪失のときは、兄弟姉妹の子が相続人となる（代襲相続）。

相続人の範囲

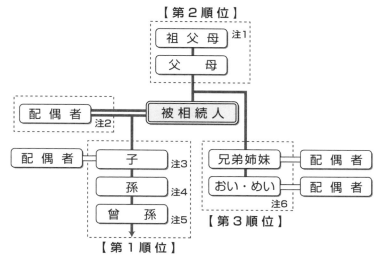

【第2順位】

| 祖 父 母 | 注1 |
| 父　　母 |

| 配 偶 者 | 注2 | | 被相続人 |

配 偶 者	子	注3
孫	注4
曾　　孫	注5

【第1順位】

| 兄弟姉妹 | 配 偶 者 |
| おい・めい | 配 偶 者 |
注6

【第3順位】

注1　父母が死亡・相続権を失ったとき相続人となる
注2　他の相続人と同順位で常に相続人となる
注3　胎児も含まれる
注4　子が被相続人より先に死亡・相続権を失ったとき相続人となる
注5　子と孫が被相続人より先に死亡・相続権を失ったとき相続人となる
　　　（曾孫以降も再代襲が生じる）
注6　兄弟姉妹が被相続人より先に死亡・相続権を失ったとき相続人となる
　　　（おい・めいの子以降の再代襲は生じない）

る」と定めています（民法890条）。つまり第1順位の子がいる
場合は、子と配偶者とが相続人となり、第2順位の直系尊属が
相続人となるときは、配偶者と直系尊属が相続人となり、第3
順位の兄弟姉妹が相続人になったときは、配偶者と兄弟姉妹が
相続人となるということです。もちろん、子も直系尊属も兄弟
姉妹もいなければ、全財産は配偶者が相続する事になります。

　なお、配偶者や血族が同時に死亡した場合は、相続人にはな
りません。たとえば、飛行機事故で親子が同時に死亡しても、
子は親を相続できませんし、親も子を相続できません。

再婚した場合

被相続人が死亡したときに配偶者であれば、その時点で相続したことになる。配偶者がその後再婚しても相続には影響はない。

相続権を失う場合

相続欠格や廃除がある

遺　贈

遺言によって、遺産の全部または一部を譲与すること。自分が死んだ後、特定の者に財産を与えたいと考えた場合に遺贈が行われる（民法964条）。

代襲相続

本来相続人になるはずだった者が死亡、相続廃除、相続欠格の事情で相続権を失った場合に、その子孫が代わって相続人となること（民法887条2項）。相続放棄の場合は、はじめから相続人でなかったことになるため、代襲相続は生じない。

告　発

犯罪の被害者やその親族以外の者が、捜査機関に対して犯罪事実を申告し、犯人の訴追を求めること。

告　訴

犯罪の被害者やその親族が、捜査機関に対して犯罪事実を申告し、犯人の訴追を求めること。

■ 相続人となるはずの人が相続権を失うことがある

　相続人となるはずであったのに、相続権を失う場合として、相続欠格と相続廃除の制度があります。

① 相続欠格

　本来は相続人になるはずの人（推定相続人）でも、法に触れる行為をしたなどの一定の事情があると、相続人になれません。このことを相続欠格といいます。相続欠格に該当した場合は、特別な手続がなくても相続権をすべて失います。相続欠格により、遺贈を受ける資格も失います。

　そして、被相続人の子または兄弟姉妹の相続欠格が確定すると、相続欠格者の子が代わって相続権を得ます。たとえば、被相続人の子Ａが相続欠格となった場合、Ａの子（被相続人の孫）が相続権を得ます。これを代襲相続といいます。

　相続欠格となる事由は、以下のように定められています。

ⓐ　故意に（わざと）、被相続人または先順位あるいは同順位にある相続人を死亡させたり、死亡させようとした（未遂）ために、刑（執行猶予つきも含む）に処せられた者

ⓑ　詐欺・強迫によって、被相続人が相続に関する遺言をし、撤回し、取消し、または変更することを妨げた者

ⓒ　詐欺・強迫によって、被相続人に相続に関する遺言をさせ、撤回させ、取り消させ、または変更させた者

ⓓ　被相続人の遺言書を偽造、変造、破棄、隠匿した者

ⓔ　被相続人が殺されたことを知って、これを告発、告訴しなかった者

相続廃除とは

虐待・重大な侮辱

推定相続人 → 被相続人

- 被相続人に対して虐待をした
- 被相続人に重大な侮辱を加えた
- その他著しい非行があった

家庭裁判所への相続廃除審判の申立て

廃除の審判の確定により、相続権を失う

② 相続廃除

　相続欠格ほどの理由がない場合でも、被相続人の意思で相続権を奪う相続廃除という制度があります。相続廃除の対象になるのは、遺留分を持つ推定相続人（配偶者、子、直系尊属）だけで、遺留分を持たない兄弟姉妹は廃除の対象になりません。兄弟姉妹は遺言によって相続させないことができるからです。そして、廃除の請求をするかどうかは、被相続人の自由ですが、相続人としての資格を否定する制度ですから、法的な手続きが必要です。

　相続廃除ができるのは、以下の3つの事情がある場合です。

ⓐ　被相続人に対して虐待をしたとき

ⓑ　被相続人に対して重大な侮辱をしたとき

ⓒ　その他の著しい非行があったとき

　これらの事情に該当するかどうかは、家庭裁判所の審判によって判断されます。家庭裁判所による廃除の審判が確定すると、その相続人は相続権を失います。そして、被相続人の子が相続廃除されたときは、廃除者の子が代わって相続権を得ることは、相続欠格の場合と同じです（代襲相続）。

相続廃除の審判申立て

家庭裁判所への相続廃除の審判を申し立てるには、①被相続人が生前に請求する方法、②遺言書に推定相続人の廃除の意思表示をする方法、の2つがある。②の場合には、遺言執行者が、廃除の審判申立の請求を行う。

廃除の取消し

相続廃除の取消しを請求することも可能である。被相続人の気持ちが変わり、廃除を取り消したい場合には、廃除の取消しを家庭裁判所に申し立てることができる。遺言で相続廃除の取消しを求めることも可能である。家庭裁判所の審判で廃除が取り消されると、相続権は元に戻る。

相続分

遺言のないケースでは法定相続分による

遺言書の作成

相続をめぐる遺族間の争いを防止する有効な手段は、遺言書を作成することである。遺言書を作成すれば、法定相続分とは異なる形で、遺産を分配することが可能になる。

先妻の子と後妻の子がいる場合

たとえば被相続人に先妻と後妻があり、いずれの間にも子がいるとする。先妻の子も後妻の子も、被相続人の子であることに変わりはないので、相続分は均等になる。なお、先妻は生きていても相続時に配偶者ではないので、相続権をもたない。

非嫡出子の相続格差の廃止

従来は、嫡出子と非嫡出子との間に相続分の区別があり、非嫡出子は嫡出子の2分の1の相続分しかなかった。しかし相続分は均等であるべきとの最高裁判決を受けて、2013年の民法改正により区別は撤廃され、相続分は均等になった。

■ 相続分といってもいろいろある

被相続人が死亡したとき、子も親も兄弟姉妹もなく、遺されたのが配偶者1人だけだったという場合には、その人が全財産を相続するだけです。これに対して、相続人が2人以上いる場合には相続分が問題になります。相続分とは、それぞれの相続人が持っている遺産（相続財産）に対する権利の割合をいいます。

相続人が2人以上いる場合、相続分については、被相続人の遺言で定められた割合（指定相続分）が優先し、遺言がなければ民法で定められた割合（法定相続分）に従うのが原則です。

① 指定相続分

被相続人が、相続人ごとの相続分を自由に決めて（遺留分侵害額請求の可能性はあります）、遺言で指定した相続の割合のことです。具体的な割合を示さずに、特定の人を遺言で指名して、その人に相続分の決定を一任することもできます。

② 法定相続分

実際には、遺言のない相続の方がケースとしては多く、この場合は民法という法律が相続分を定めているので、これに従って相続することになります。これを法定相続分といいます。法定相続分の割合は、次ページの図のようになっています。実際に誰が相続人になるかによって、法定相続分の割合が変化します。

■ 全血兄弟と半血兄弟

法定相続分の例外的な取扱いとして「全血兄弟」と「半血兄弟」の区別があります。全血兄弟とは、被相続人と父母の双方

法定相続分

<配偶者>   <血族>

第1順位

| 配偶者 | 相続分 $\dfrac{1}{2}$ | | 相続分 $\dfrac{1}{2}$ | 子 |

※子の直系卑属が代襲相続する場合あり

第2順位

| 配偶者 | 相続分 $\dfrac{2}{3}$ | | 相続分 $\dfrac{1}{3}$ | 直系尊属 |

第3順位

| 配偶者 | 相続分 $\dfrac{3}{4}$ | | 相続分 $\dfrac{1}{4}$ | 兄弟姉妹 |

※兄弟姉妹の子が代襲相続する場合あり

を同じくする兄弟姉妹をいうのに対し、半血兄弟とは、父母の一方だけが同じ兄弟姉妹をいいます。

この場合の相続分は「全血兄弟：半血兄弟＝2：1」という割合になります。この区別は子が相続人になる場合ではなく、兄弟姉妹が相続人になる場合だけの話ですので注意が必要です。

■ 相続分を指定しても遺留分は減らせない

遺言による相続分の指定は自由ですが、兄弟姉妹以外の相続人には遺言によって影響されない遺留分があります。全体の遺留分は、直系尊属だけが相続人である場合は遺産の3分の1、それ以外の場合は遺産の2分の1です。

つまり、配偶者と子の遺留分は常に2分の1となり、直系尊属の遺留分は相続人の組み合わせによって変わりますが、兄弟姉妹には常に遺留分がありません。遺留分を持つ相続人が2人以上いる場合は、法定相続分に応じて個々の遺留分が決まります。

全血兄弟／半血兄弟の具体例

被相続人からみて、Aは父も母も同じだが、BとCは父の後妻の子であるため、父は同じだが母は異なる場合、Aを全血兄弟を呼び、BとCを半血兄弟と呼ぶ。この場合の相続分は、半血兄弟は全血兄弟の半分の割合になる。

相続放棄

■ 相続する財産にはプラスもマイナスもある

相続財産には積極財産（プラスの財産）と消極財産（マイナスの財産）があります。つまり、土地、預貯金、宝石などのプラスの財産と、借金などのマイナスの財産によって、相続財産が構成されています。「相続する」「相続しない」の選択は自由ですが、相続する以上はプラスの財産もマイナスの財産も相続しなければなりません。

借金も相続財産ですから、被相続人の死亡によって、相続人は借金も承継します。しかし、数千万円の借金があるような場合であっても、それを背負って、遺族は一生借金地獄の苦しみに耐えなければならないというのは酷な話です。

そこで、民法は相続財産を受け入れるか否かを、相続人の自由な選択にまかせることにしています。借金も含めた相続財産を受け入れることを相続の単純承認、借金はもちろん相続財産の受け入れを一切拒否することを相続の放棄といいます。積極財産の範囲内で消極財産なども受け入れるという限定承認もあります。

■ 誰かが相続の放棄をすると他の相続分が増える

相続の放棄には、手続上の期限があります。原則として、相続の開始を知った時から3か月以内に、相続放棄をするか否かを決めなければなりません。相続人が未成年者や成年被後見人などの制限行為能力者の場合は、その法定代理人が制限行為能力者のために相続の開始があったことを知った時から3か月以

制限行為能力者
単独で法律行為（契約など）を行う能力が制限されている人。

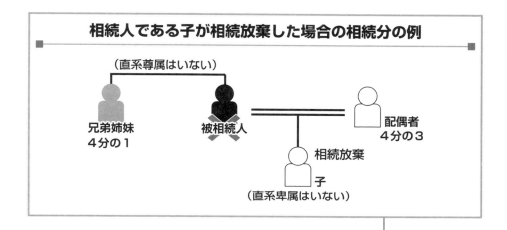

相続人である子が相続放棄した場合の相続分の例

（直系尊属はいない）

兄弟姉妹
4分の1

被相続人

相続放棄

子

（直系卑属はいない）

配偶者
4分の3

内に、単純承認、限定承認、相続放棄のいずれを選択するかを決めなければなりません。

　相続放棄をする場合は、被相続人のすべての財産（プラス分とマイナス分の両方）を放棄します。ただ、相続の放棄をする前後に相続財産を管理する義務が民法で規定されているので、相続を放棄した人は、相続放棄後も新たに相続人となった人が管理を始めるまでは、相続財産を管理する必要があります。

　ところで、相続放棄をするか否かは、各相続人の自由ですから、長男は相続の承認、二男は相続の放棄ということもあります。

　この場合、相続の放棄は代襲相続の原因となりませんから、被相続人の子（次男）が相続の放棄をしても、孫（次男の子）が相続人になることはできません。何人かいる相続人のうち1人が相続の放棄をすると、他の相続人の相続分はその分だけ増えることになります。

　また、相続の放棄によって、相続人の順位に変更が生ずることもあります。たとえば、子の全員が相続の放棄をすると、被相続人に子がなかったとみなされますから、直系尊属が相続人になります。直系尊属の全員がすでに死亡していたり、生きていても相続の放棄をすると、今度は兄弟姉妹に相続権が移ります。

法定代理人

未成年者の法定代理人は親権者（原則として父母）または未成年後見人、成年被後見人の法定代理人は成年後見人である。

相続放棄の手続き

相続放棄の手続きの際には、「相続放棄申述書」を被相続人の最後の住所地の家庭裁判所に提出する。相続放棄の申述があると、裁判所ではその申述が本人の意思によるものか否かを審理する。真意であることが確認されると、相続放棄が認められる。

相続の承認

消極財産などが積極財産を上回る場合、限定承認という方法もある

■ 相続承認には単純承認と限定承認がある

相続の承認には単純承認と限定承認という２つの方法があります。まず、被相続人の財産（プラスの財産）と債務（マイナスの財産）の両方を無条件、無制限に承認する場合を単純承認といいます。一般に「相続する」というのは単純承認をさします。単純承認した場合は被相続人の権利義務をすべて引き継ぎます。たとえマイナスの財産であっても、相続分の割合に応じて責任を負うので、相続人には借金などの返済義務が生じます。

なお、以下の３つのどれかにあてはまる場合には、単純承認をしたものとみなされます。

① 相続人が自己のために相続の開始があったことを知った時から３か月以内に、限定承認か相続の放棄をしなかった場合

② ３年以内の建物賃貸借などの短期の賃貸借や、未登記建物の登記といった保存行為を除いて、相続人が相続財産の全部または一部を処分した場合

③ 相続の放棄や限定承認を行ったが、その後に財産の全部あるいは一部を隠匿したり、ひそかに消費したり、財産目録中に記載しないといった不正行為を行った場合

■ 条件つきで相続するのが限定承認

相続によって得た財産（積極財産）の範囲内で被相続人の債務（消極財産）や遺贈を負担する、という条件つきの承認を限定承認といいます。

限定承認においては、相続人が自分の財産から債務や遺贈を

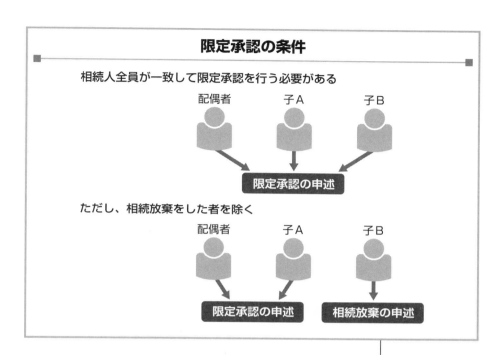

限定承認の条件

相続人全員が一致して限定承認を行う必要がある

配偶者　　　子A　　　子B

限定承認の申述

ただし、相続放棄をした者を除く

配偶者　　　子A　　　子B

限定承認の申述　　相続放棄の申述

弁済する義務はありません。包括遺贈を受けた者も限定承認ができます。限定承認は、負債額が不明なときなどに申し立てると、予想以上の借金などの債務を返済するリスクを回避できます。ただし、限定承認の場合も、相続人が債務を引き継ぐことに変わりはありません。債務を引き継がない相続放棄とは違い、相続人は債務の返済義務を負いますし、返済しない場合には債権者による強制執行の申立ても認められますが、その範囲が相続財産に限定されるのです。

なお、限定承認は、相続人全員が一致して承認しなければなりません。包括遺贈を受けた人がいる場合は、この人も含めて全員一致する必要があります。1人でも単純承認する人がいる場合は限定承認ができませんので、限定承認を行うのは簡単ではありません。ただし、相続人の中に相続の放棄をした人がいる場合は、その人を除く全員が合意すれば限定承認ができます。

包括遺贈

遺産の全部または何分の1という割合で遺贈する方法（民法964条）。たとえば、推定相続人でない内縁の妻に相続財産のすべてを遺贈する場合や、2分の1を遺贈する場合のこと。

強制執行

裁判所や執行官といった公的機関によって、強制的に権利内容を実現する手続。

特別受益

相続財産に含まれるものとみなして相続分を計算する

■ 特別受益とは

相続人が被相続人から特別の利益をもらうことを特別受益といいます。特別の利益をもらった相続人が特別受益者です。そして、相続開始時の財産（遺贈を含む）に特別受益にあたる贈与（生前贈与）を加えたものが全相続財産（みなし相続財産）となります（これを特別受益の「持戻し」といいます）。

特別受益を受けた相続人の具体的相続分を計算する際には、特別受益を前渡し分として差し引きます（次ページ図）。遺贈、婚姻のための贈与、養子縁組のための贈与、生計の資本としての贈与は、特別受益にあたります。また、生命保険金は、高額であり著しく公平性を欠く場合は、例外的に特別受益に準じて持戻しの対象となることがあります。

ただし、被相続人が遺言で特別受益を差し引かないと決めていた場合は、その遺言に従うことになります。このとき、特別受益が遺留分を侵害していれば、遺留分を有する相続人は、特別受益者に対して遺留分侵害額請求を行うことが可能です。

■「持戻し免除の意思表示」の推定とは

被相続人が、自分の死後、残された配偶者が安心して暮らしていけるように、居住用不動産を贈与・遺贈するケースがあります。被相続人から相続人である配偶者が居住用不動産の贈与・遺贈を受けることは「特別受益」に該当します。そのため、特別受益の基本的な考え方に従えば、配偶者が贈与・遺贈を受けた居住用不動産の価額分を相続開始時点で被相続人が実際に

遺贈

遺贈とは、遺言によって、遺産の全部または一部を与えること。自分が死んだ後、特定の者（相続人以外でもよい）に財産を与えたいと考えた場合に遺贈が行われる（民法964条）。

生計資本として受けた贈与

たとえば、住宅の購入資金の援助金や特別な学費など、他の相続人とは別に、特別にもらった資金がこれにあたる。ただし、新築祝いなど交際費の意味合いが強いものや、その場限りの贈り物などは含まれない。

特定の相続人が受けた遺贈

遺言によって財産を遺贈された場合、その遺贈を受けた受遺者の相続分から遺贈分が差し引かれる。遺贈されたものは、相続分の中に含まれるからである。

特別受益者の具体的相続分の算定方法

$$\left(\boxed{\begin{array}{c}\text{特別受益に}\\\text{あたる贈与}\end{array}} + \boxed{\begin{array}{c}\text{相続開始時の財産}\\\text{（遺贈を含む）}\end{array}} \right) \times \boxed{\text{相続分（民法900条～902条）}}$$

------ みなし相続財産 ------
（＝全相続財産）　　　－　　　特別受益　　＝　　具体的相続分

（設　例）

被相続人Aの子BCDの３人が相続人として存在し、相続財産が1000万円ある場合で、BがAから200万円の特別受益にあたる生前贈与を受けていた場合、BCD各自の具体的相続分はいくらとなるか。

相続開始時の財産 1000万円	Bの受けた贈与 （特別受益）200万円

------ みなし相続財産 ------

Bの具体的相続分：$(200万円 + 1000万円) \times \dfrac{1}{3} - 200万円 = 200万$

C・Dの具体的相続分：$(200万円 + 1000万円) \times \dfrac{1}{3} = 400万$

持っていた相続財産に加えるという処理（持戻し）を行い、各相続人の具体的相続分を算出することになります。

　しかし、被相続人からの遺贈や贈与によって居住不動産を取得した生存配偶者は、居住不動産の他に、生活資金となる現金や預貯金を相続できなくなり、生活が苦しくなることが少なくありません。

　そこで民法は、婚姻期間が20年以上の夫婦の間でなされた遺贈・贈与のうち、居住不動産（居住建物とその敷地）については「持戻し免除の意思表示」があったと推定することで、生存配偶者の生活の安全を保障しています。つまり、居住用不動産を相続財産の対象から外すことが認められると、生存配偶者は、居住用不動産に関係なく、その他の相続財産を相続することが可能になります。

配偶者の保護に関する改正

本文記載の配偶者に対する居住用不動産の贈与・遺贈に対する「持戻し免除の意思表示」の推定に関する改正は、相続における生存配偶者の保護を目的とする規定である。2018年の相続法改正では、同じ目的から生存配偶者の居住権が新設されている。

寄与分

寄与分は相続分にプラスされる

■ 財産形成に対する特別な貢献を評価する

寄与分とは、被相続人の財産の維持または増加に「特別の寄与」（財産形成に対する特別な貢献）をした相続人（貢献者）に対して、本来の相続分とは別に、寄与分を相続財産（遺産）の中から取得できるようにする制度です。

寄与分制度は、特別受益者の相続分と同様に、相続分の計算方法を修正して、相続人同士の実質的な公平を図ることを目的としています。

たとえば、被相続人に事業資金を提供したことで被相続人が倒産を免れた場合や、長期療養中の被相続人の看護に努めたことで被相続人が看護費用の支出を免れた場合などは、特別の寄与と認められ、寄与分制度の対象となります。

■ 寄与分の具体的な計算方法

寄与分の算出方法は、まず、相続財産の総額から寄与分を差し引いた「みなし相続財産」を決定します。次に、みなし相続財産を相続分に応じて分けて、寄与分は貢献者に与えます（上図参照）。

たとえば、妻と長男、二男、長女の4人が相続人で、相続財産が2000万円、長男の寄与分が200万円である場合は、下記のように、貢献者である長男の相続分は500万円となります。

・みなし相続財産…2000万円－200万円＝1800万円
・妻の相続分………1800万円× 2分の1＝900万円
・長女の相続分……1800万円× 6分の1＝300万円

特別縁故者とは

本文記載の寄与分は相続人だけに認められる制度であるため、相続人でない人には寄与分が認められない。ただし、相続人がいない場合に、貢献者が「特別縁故者」（内縁関係の夫や妻、療養看護に努めた者など、被相続人との間に一定の特別の縁故があった者）に該当するとして、貢献者の申立てを受けた家庭裁判所の審判により、相続財産の一部または全部の取得が認められることがある。

寄与分の決定方法

寄与分は相続人間の協議で決める。協議が調わないときや、協議ができないときは、家庭裁判所が、特別の寄与をした者の請求に基づき、一切の事情を考慮して寄与分を定める。

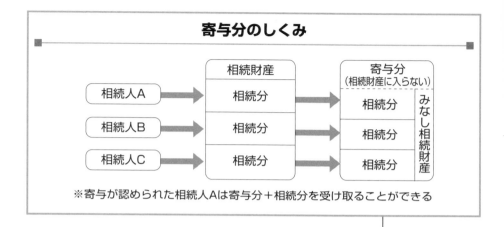

寄与分のしくみ

	相続財産	寄与分 (相続財産に入らない)	みなし相続財産
相続人A →	相続分	相続分	
相続人B →	相続分	相続分	
相続人C →	相続分	相続分	

※寄与が認められた相続人Aは寄与分＋相続分を受け取ることができる

・二男の相続分……1800万円× 6 分の 1 ＝300万円

・長男の相続分……1800万円× 6 分の 1 ＋200万円（寄与分）
　＝500万円

■ 相続人以外の親族の特別の寄与

　寄与分は相続人のみに認められるため、たとえば、相続人の妻（親族）が、夫の両親（被相続人）の療養看護に努めた場合であっても、寄与分として考慮されません。とくに、上記の例で、被相続人の死亡時点で相続人である夫がすでに亡くなっている場合、妻は、被相続人死亡によって、夫を介して財産を相続することもできません。

　そこで民法は、相続人以外の親族が、相続人に対し特別寄与料を請求することを認めています。具体的には、相続人以外の親族が無償で療養看護や労務の提供により被相続人の財産の維持または増加に貢献したときは、相続人に対し特別寄与料を請求できるとする規定が設けられています。特別寄与料の請求ができる「被相続人の親族」には、①６親等内の血族、②配偶者、③３親等内の姻族が含まれますが、相続人、相続放棄をした者、相続欠格事由に該当する者などは除かれます。

特別寄与料の請求の法的性質

特別の寄与をしたと考えられる「相続人以外の親族」は、遺産分割協議に参加するわけではない。遺産分割協議が複雑になるおそれがあるため、あくまでも相続人に対する金銭の支払請求権として規定が置かれていることに注意が必要である。

相続人以外の親族

相続人とならない場合の兄弟姉妹は親族なので、特別寄与料の請求ができる。しかし、内縁の配偶者は親族にあたらないので、特別寄与料の請求はできない。

特別寄与料についての協議が調わない場合

当事者間で特別寄与料についての協議が調わない場合は、家庭裁判所に処分の請求（特別寄与料を定める請求）をすることができる。

遺言

遺言は人の最終意思である

法定相続分

民法で定められた相続分の割合のこと（民法900〜901条）。被相続人が遺言により相続分の指定（指定相続分という）をしていない場合には、法定相続分に基づいて相続がなされる。

相続廃除

遺留分をもつ推定相続人が被相続人を虐待した場合や著しく侮辱した場合に、被相続人の請求または遺言に基づいて家庭裁判所がその推定相続人の相続権を失わせること（民法892条）。

■ 遺言とは何か

　相続といえば、民法が定める法定相続分の規定が原則と考えている人が多いようです。しかし、それは誤解です。遺言による相続分の指定がないときに限って、法定相続分の規定が適用されます。つまり民法では、あくまでも遺言者の意思を尊重するため、遺言に基づく相続を優先させています。

　相続分の指定だけでなく、遺言で遺産の分割方法を指定することや、相続人としての資格を失わせること（相続廃除）もできます。このように、遺言の中でとくに重要な内容となるのは、遺産の相続に関する事柄です。この他、子を認知することや未成年後見人を指定することも、遺言でできる事柄です。

　これらの事柄について書かれた遺言には、「法律上の遺言」として法律上の効果が認められます。しかし、「兄弟仲良く暮らすように」「自分の葬式は盛大にやってくれ」といった遺言を書いたとしても、法律上は何の効果もありません。法律上の効果が認められるのは、民法で定められた一定の事柄について書かれた遺言だけなのです。

■ 遺書にはどんな種類があるのか

　遺言には、「普通方式」と「特別方式」がありますが、一般的には「普通方式」によることになります。普通方式の遺言は、自分でいつでも自由に作成できます。他方、特別方式の遺言は、「死期が迫った者が遺言をしたいが普通方式によっていたのでは間に合わない」といったケースで認められる遺言です。具体

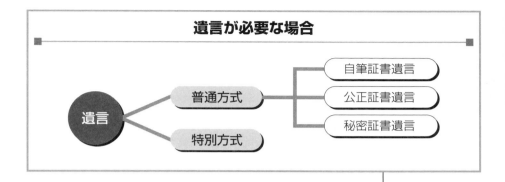

遺言が必要な場合

遺言 — 普通方式 — 自筆証書遺言
　　　　　　　　　　公正証書遺言
　　　　　　　　　　秘密証書遺言
　　　　特別方式

的には、危急時遺言（死亡の危急に迫った者の遺言、船舶遭難者の遺言）と隔絶地遺言（伝染病隔離者の遺言、在船者の遺言）があります。

　普通方式の遺言にはさらに自筆証書遺言、公正証書遺言、秘密証書遺言の３つがあります。このうち秘密証書遺言とは、遺言書を封じ、その封書を公証人と証人の前に提出して公証人に一定の事項を書き入れてもらい、証人と遺言者が署名する形式の遺言ですが、実務において秘密証書遺言はほとんど利用されていません。そのため、遺言書を作成する場合には、多くの場合、自筆証書遺言か公正証書遺言によることになります。

① 自筆証書遺言

　遺言者自身が、自筆で遺言の全文、日付、氏名を書き、押印したものです。他人の代筆やワープロで作成したものは無効です。簡単で費用もかかりませんが、紛失や偽造・変造の危険があります。平成30年の相続法改正で、遺言書に添付する財産目録は、署名押印を条件に自書が不要になりました。

② 公正証書遺言

　公証人が作成する遺言状です。証人２人の立ち会いのもとで遺言者が口述した内容を公証人が筆記し、遺言者と証人が承認した上で、全員が署名押印して作成したものです。方式の不備を理由に無効になる可能性がほぼないのが長所です。

特別方式による遺言

危急時遺言などの特別方式による遺言には、遺言者本人の口述による遺言を認めるものや、本人が署名押印できない場合の特別規定もあり、方式が緩和されている。しかし、遺言の正確性を担保するため、証人の署名押印は必要とされている。

遺言書の検認

自筆証書遺言や秘密証書遺言による遺言書を見つけたら、勝手に開封せずに、速やかに家庭裁判所に提出して、検認の申立てをする。遺言書の検認は、一種の証拠保全手続で、家庭裁判所が遺言の存在と内容を認定するための手続である。遺言書が遺言者の作成によるものであることを確認し、検認後の偽造や変造を防いで保存を確実にすることができる。

遺留分

■ 遺留分とは何か

遺留分とは、兄弟姉妹以外の相続人（遺留分権利者）に保障された、遺言によっても影響を受けない、法律上決められている最低限の相続できる割合です。遺言による相続分の指定や遺贈、さらに生前贈与は、被相続人（遺言者）の自由ですが、すべての財産を被相続人が他人に譲渡するようなことがあれば、残された相続人の生活や相続への期待が守られません。そこで遺留分として、相続分の一定の割合が保障されています。

遺留分権利者全体に保障された遺留分（総体的遺留分）は、直系尊属だけが相続人の場合は相続財産の３分の１、それ以外の場合は相続財産の２分の１です。遺留分権利者が複数いる場合は、法定相続分に基づいて各人の遺留分（具体的遺留分）を決めます。相続人が遺留分を放棄することも可能です。しかし、相続人が相続開始より前に遺留分を放棄するためには、家庭裁判所の許可が必要です。これは、他の相続人などから遺留分を放棄するよう強制されることなく、自由な意思決定の下で遺留分の放棄を決定したのかを確認する必要があるためです。

■ 遺留分算定方法について

遺留分算定の基礎となる財産は、相続開始時点の被相続人の積極財産に、相続開始前の１年間にした贈与および相続開始前の10年間にした特別受益となる贈与を加えて、相続開始時点の被相続人の消極財産を差し引いたものになります。ただし、贈与者・受贈者の双方が遺留分権利者に損害を与えることを知っ

ケース別で見る遺留分

	配偶者	子	直系尊属	兄弟姉妹
①配偶者と子がいる場合	$\left(\frac{1}{4}\right)$	$\left(\frac{1}{4}\right)$		
②子だけがいる場合		$\left(\frac{1}{2}\right)$		
③配偶者と父母がいる場合	$\left(\frac{1}{3}\right)$		$\left(\frac{1}{6}\right)$	
④父母だけがいる場合			$\left(\frac{1}{3}\right)$	
⑤配偶者だけがいる場合	$\left(\frac{1}{2}\right)$			
⑥配偶者と兄弟姉妹がいる場合	$\left(\frac{1}{2}\right)$			(0)
⑦兄弟姉妹だけがいる場合				(0)

てなされた贈与については、相続開始前の1年間や10年間よりも前の時期の贈与であったとしても、遺留分算定の基礎となる財産に含まれます。たとえば、15年前の特別受益にあたる贈与は、贈与者・受贈者の双方が遺留分権利者に損害を与えることを知ってなされた場合のみ、遺留分算定の基礎となる財産に含まれます。

また、負担付贈与がなされた場合、遺留分算定の基礎財産に算入するのは、その目的の価額から負担の価額を控除した額となります。さらに、不相当な対価による有償行為がなされたときは、当事者双方が遺留分権利者に損害を与えることを知っていた場合に限り、不相当な対価を負担の価額とする負担付贈与がなされたとみなします。

■ 遺留分侵害額請求権

遺贈や贈与によって遺留分を侵害された遺留分権利者は、遺贈や贈与を受けた者に対し、遺留分侵害額に相当する金銭の支払いを請求することができます。

遺留分侵害額請求権

かつては、遺留分減殺請求により、相続財産を取り戻す権利が認められていたが、相続財産である株式が共有状態になって事業承継に支障が生じるなどの弊害があった。平成30年の相続法改正により、遺留分侵害額請求に改められ、金銭の支払いのみを請求できることになった。

配偶者の居住権

配偶者居住権と配偶者短期居住権の２つが創設された

■ 配偶者の居住権を長期的に保護（配偶者居住権）

　民法は、被相続人の不動産が、被相続人とその配偶者（生存配偶者）が同居していた住居（建物とその敷地）であった場合に、長期間にわたり生存配偶者の居住権を保障する制度を整備しています。その制度を配偶者居住権といいます。端的に遺言等で住居の所有権を配偶者に相続させればよいようにも思えますが、そうすると配偶者が相続できる住居以外の預貯金などの相続財産が少なくなります。そこで、譲渡ができないことなどから所有権よりも財産的価値が低い配偶者居住権を遺言等により与える余地を認めました。

① 配偶者居住権の内容

　配偶者居住権の具体的内容は、生存配偶者が、相続開始時に居住していた被相続人所有の建物（居住建物）を対象とし、存続期間について別段の定めがない限り、その居住建物を原則として終身、無償で使用収益できる権利を与えることです。

② 配偶者居住権の成立要件

　配偶者居住権を成立させるためには、原則として、以下のいずれか１つを満たしていることが必要です。遺産分割協議は相続人全員の合意が求められるため、生存配偶者に居住権を与えようとするならば、死因贈与契約や遺言によって、生前に配偶者居住権を確保する措置を講じておくのが重要です。

・居住建物の所有者は他の相続人に決定しても、配偶者に配偶者居住権を取得させる遺産分割協議が成立した

・被相続人と生存配偶者の間に、被相続人死亡後、生存配偶者

配偶者居住権と用法遵守義務など

配偶者居住権が認められた生存配偶者は、居住の目的や建物の性質により定まった用法に従って居住建物を使用収益する義務などを負う（用法遵守義務）。
また、配偶者居住権は登記をすることで、第三者に権利を主張することが可能である。しかし、配偶者居住権は、第三者に譲渡することはできない（譲渡禁止）。

配偶者短期居住権の内容

相続人間で居住建物の遺産分割が必要となる場合（遺言がないので所有者が決まっていないとき）は、遺産分割によって誰が居住建物の所有者になるのかが決まった日か、相続開始時から６か月が経過する日のうち、どちらか遅い日までの期間、生存配偶者は居住建物を無償で使用できる。

配偶者居住権（長期居住権）

居住建物

AとBが同居

夫A【死亡】

妻B

子C
居住建物を相続

【配偶者居住権が認められる場合】
① 居住建物の所有者は他の相続人に決定しても、生存配偶者に配偶者居住権を取得させるという内容の遺産分割協議が成立した
② 被相続人と生存配偶者との間に、被相続人死亡後に生存配偶者に配偶者居住権を取得させるという内容の死因贈与契約が存在していた
③ 生存配偶者に配偶者居住権を取得させるという内容の遺言がある

➡ 存続期間について別段の定めがない限り終身の間、生存配偶者が居住建物を無償で使用収益することが可能

に配偶者居住権を取得させるとの死因贈与契約があった

・生存配偶者に配偶者居住権を取得させるとの遺言があった

■ 配偶者の居住権を短期的に保護（配偶者短期居住権）

　民法は、被相続人の生前の意思にかかわらず、最低でも相続開始時から6か月間は、生存配偶者の居住権を保障するという規定を設けています。これを配偶者短期居住権と呼んでいます。配偶者短期居住権に基づき、生存配偶者の居住権が保障される期間については、相続人間で居住建物の遺産分割が必要となる場合か否かによって異なります。

　また、配偶者短期居住権は、遺産分割協議により最終的に居住建物の所有権が決定されるまでの暫定的な措置です。

　なお、配偶者居住権と配偶者短期居住権のどちらの場合でも、生存配偶者は自由に居住建物を使用してよいわけではなく、居住の目的や建物の性質により定まった用法に従って使用しなければならない（用法遵守義務）などといった、責任を負います。

> **配偶者短期居住権の譲渡について**
> 配偶者が生活の基盤である居住建物に居住する権利を暫定的に保護するという趣旨から、配偶者短期居住権を第三者に譲渡することはできない（譲渡禁止）。

遺産分割の方法

個々の相続人の事情を考慮して分割を決める

■ 遺産分割

遺産全部を一度に分割することを全部分割といいます。これに対して、遺産の一部を分割するのが一部分割です。遺産を分割する方法には、いくつかありますが、代表的なのは、現物分割、代償分割、換価分割、共有分割です。

① 現物分割

現物分割とは、各相続人が相続財産をそのまま分け合う方法です。相続人それぞれの受け取りたい財産が決まっている場合や、財産の形を変えたくない場合、また分割する財産の価値がほぼ同じである場合には、有効な方法です。

② 代償分割

1人（または数人）が相続財産をそのまま相続し、残りの相続人に対しては、各々の相続分に相当する金額を現金で支払う方法を代償分割といいます。代償分の支払いは一括払いが基本ですが、分割払いとする方法もあります。

③ 換価分割

換価（価額）分割とは、相続財産の一部、あるいは全部を売却して現金に換え、各相続人の相続分に応じて分配する方法です。相続財産を現物で取得したい相続人がいない場合には、換価分割が有効です。お金であれば1円単位まで細分化可能であり、換価分割は相続人同士の公平を図りやすいといえます。

④ 共有分割

共有分割は、遺産の一部または全部を相続人全員が共同で所有する方法です。たとえば、不動産の共有分割をしたいという

一部分割について

遺言で一部分割を禁じていない限り、相続人全員の協議によって、いつでも遺産の一部分割をすることができる。一部分割をした後の残りの遺産についても、さらに一部分割することが可能である。ただし、被相続人が一部分割を遺言で禁じていた場合は、例外的に一部分割をすることが認められない。

遺産分割協議の成立まで

遺産分割の協議が成立するまでは、分割方法にかかわらず、遺産は相続人全員の共同所有の状態となる（共有）。その間の遺産の管理は、相続人が相続分に応じた多数決によって共同管理を行う。管理費用は、遺産の中から支払うこともできる。

換価分割のデメリット

換価分割を行うと、相続財産をそのままの形で利用できなくなる。また、土地や建物を売却すると、相続人の全員に譲渡による所得税と住民税がかかり、その分は相続財産が目減りしてしまう。

分割の方法

現物分割	各相続人が個別に取得する財産を決める方法
代償分割	1人が遺産の現物を相続し、残りの相続人に相続分に相当する現金を支払う方法
換価分割	遺産の一部または全部を売却して現金に換え、各相続分に応じて配分する方法
共有分割	遺産の一部または全部を相続人全員で共有する方法

場合には現物を分割する必要がなく、手続だけですむ利点があります。しかし、共有名義の不動産を売却する際に、共有者全員の同意を必要とするなど、共有分割後は様々な制約を受けるという難点があります。

■ 遺産分割が禁止される場合もある

相続人は原則として、相続開始後にいつでも遺産分割が可能です。しかし、以下の場合には遺産分割が禁止されることがあります。

① **遺言による遺産分割の禁止**

被相続人が、遺言によって、遺産の一部、あるいは全部の分割を禁止している場合には、遺産分割が禁止されます。ただし、遺言による分割の禁止期間は5年が限度とされています。

② **協議による遺産分割の禁止**

相続人全員が合意した場合にも分割が禁止されます。

③ **審判による遺産分割の禁止**

相続人の資格や遺産の範囲などをめぐり係争中だというような場合には、家庭裁判所が定める一定の期間は、遺産の一部または全部の分割が禁止されます。

預貯金の仮払制度

平成28年の最高裁判決は、預貯金も遺産分割の対象となるとの判断を示した。しかし、遺産分割協議が成立するまで預貯金を引き出せないのでは、葬式費用などの工面に困ることもある。そこで、平成30年成立の相続法改正により、相続人が協議成立前でも一定の割合で預貯金を引き出せる制度が創設された。

遺産分割に期限はないが相続税に注意する

民法上、遺産分割に期限はないが、相続税の申告期限は相続開始時から10か月以内である。期限後申告の場合、配偶者控除の特例や小規模宅地の特例の適用を受けるために一定の手続きが必要になるので注意が必要。

遺産分割協議

協議がまとまらないときは家庭裁判所に調停や審判を
申し立てる

**相続人が
未成年者の場合**

相続人が未成年者の場合、原則的には親権者（父母）が法定代理人として遺産分割協議に参加するが、親権者も相続人であるときは、両者に利害の対立が生じるため、親権者は代理人になることができない。この場合は、家庭裁判所に申請して、特別代理人を選任してもらうことが必要である。

胎児の相続権

相続の場面では胎児はすでに生まれたものとみなされるので、被相続人の死亡時に妻の胎内に胎児がいた場合、生きて産まれたことを条件として胎児は相続人になる。死産の場合は胎児の相続権が生じないことになる。
他方、非嫡出子である胎児が父の相続人になるには、父から認知を受けていなければならない。認知とは、法律上の親子関係を設定する行為である。ただし、母との法律上の親子関係は分娩により当然に生じるので、胎児は生きて産まれる限り、胎児の間も母の相続人となる。

■ 遺産分割協議とは

遺産分割協議とは、相続人が１人の場合を除き、どのような相続財産が残されていて、どの相続人が、どの相続財産を相続するのかを、相続人全員が参加して話し合うことをいいます。

通常、遺産には不動産、動産など、そのままでは分割できないものが含まれています。また、営業用財産などのように、機械的に分割すると価値が損なわれる場合もあります。このような場合は、遺産分割の手続きによって、特定の相続人が特定の不動産や動産などを所有することに決めます。

他方で、法定相続分は、民法が定めた遺産に対する持分の割合であり、遺産配分の基準となるものです。しかし、遺産分割協議において、どのように遺産を配分するかは相続人の自由です。必ずしも遺言や法定相続分に従うべきものではありません。

遺産分割について協議が成立しなければ、家庭裁判所の調停または審判によることになります。協議や調停では相続人の意向が反映されますが、審判の場合は家庭裁判所が強制的に遺産配分を決めることになります。審判においては、相続分の割合は変更できませんが、各相続人の実情にあった遺産配分を決定します。遺産にはいろいろなものがあり、分割については複雑な事情もあるので、それぞれの事情に応じた判断が行われます。

■ 遺産分割協議の仕方

遺産分割協議をどのように行うのかについて、法律上の決まりはとくにありません。全員が集まって協議をしてもいいです

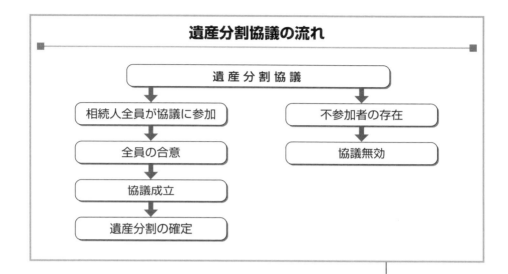

遺産分割協議の流れ

```
          遺 産 分 割 協 議
        ↓                    ↓
  相続人全員が協議に参加      不参加者の存在
        ↓                    ↓
     全員の合意             協議無効
        ↓
     協議成立
        ↓
   遺産分割の確定
```

し、電話や電子メールなどで連絡を取り合って協議しても問題ありません。ただし、遺産分割協議は相続人全員が参加することが必要で、1人でも遺産分割協議に参加していなければ無効になります。

遺産分割協議は多数決でなく、参加者全員の合意により成立します。遺産分割協議の結果は、参加者全員がわかるようにすればよいのですが、通常は遺産分割協議書という書面を作成します。不動産の登記手続きなどで必要だからです。

■ 遺産分割協議の成立により遺産の分割は確定する

遺産分割協議が成立した時に遺産の分割が確定し、相続開始の時点に遡って遺産の分割が有効になります。

なお、遺産分割協議の際に強迫や錯誤があった場合を除き、特別受益や寄与分について後から申し出ることができないため、注意が必要です。

遺産分割と法定相続分

遺産分割は、法定相続分または遺贈を含む指定相続分に従って行うのが原則だが、遺言と異なる分割が禁止されておらず、当事者全員の同意があれば、法定相続分や指定相続分と異なる割合で分割することは自由である。

遺産分割協議の効果

被相続人が死亡した時点から相続が開始され、遺産全体について相続人の共有状態が生じる。その後、遺産分割協議が成立し、各相続人に分割されれば、分割の効力は相続開始時にさかのぼる。しかし、共有状態が続いている間に、その共有持分権を第三者に譲ったという場合には、譲渡を受けた第三者の権利を害することはできないため注意が必要である。

【監修者紹介】

森 公任（もり こうにん）

昭和26年新潟県出身。中央大学法学部卒業。1980年弁護士登録（東京弁護士会）。1982年森法律事務所設立。おもな著作（監修書）に、『不動産契約基本法律用語辞典』『契約実務 基本法律用語辞典』『図解で早わかり 相続・贈与のしくみと手続き』『特定商取引法と消費者取引の法律問題トラブル解決法』『図解で早わかり 会社法のしくみと手続き』『図解で早わかり 会社法務の基本と実務』など（小社刊）がある。

森元 みのり（もりもと みのり）

弁護士。2003年東京大学法学部卒業。2006年弁護士登録（東京弁護士会）。同年森法律事務所入所。おもな著作（監修書）に、『不動産契約基本法律用語辞典』『契約実務 基本法律用語辞典』『図解で早わかり 相続・贈与のしくみと手続き』『特定商取引法と消費者取引の法律問題トラブル解決法』『図解で早わかり 会社法のしくみと手続き』『図解で早わかり 会社法務の基本と実務』など（小社刊）がある。

森法律事務所
弁護士16人体制。家事事件、不動産事件等が中心業務。
〒104-0033 東京都中央区新川２−15−３ 森第二ビル
電話 03-3553-5916
http：//www.mori-law-office.com

図解で早わかり
改正対応！ 民法のしくみと手続き

2020年7月30日 第１刷発行

監修者	森公任 森元みのり
発行者	前田俊秀
発行所	株式会社三修社
	〒150-0001 東京都渋谷区神宮前2-2-22
	TEL 03-3405-4511 FAX 03-3405-4522
	振替 00190-9-72758
	http://www.sanshusha.co.jp
	編集担当 北村英治
印刷所	萩原印刷株式会社
製本所	牧製本印刷株式会社

©2020 K. Mori & M. Morimoto Printed in Japan
ISBN978-4-384-04845-2 C2032